差がつく 練習法

バドミントン 最新式・基礎ドリル

著　藤本ホセマリ　プロバドミントントレーナー

INTRODUCTION
はじめに

　バドミントンを教えることを仕事としている中で最近感じるのは、バドミントンはスタートがすごく大事だということです。

　たとえば、ラケットの握り方から間違った考えを持っている人に「どうすれば勝てるようになれますか」と聞かれたら、「まずは持ち方から変えてください」といわなくてはいけなくなります。

　そして、一般の愛好家のみなさんが、バドミントンという競技を正しくスタートするにあたって、問題となってしまうのが、ずっと変わっていない"基礎"と考えられている技術やその考え方なのではないでしょうか。講習会などで一般プレーヤーのみなさんと話をすると、昔からの考え方、教わり方で練習している愛好家がいかに多いかということを考えさせられました。

　多くのスポーツがそうであるように、バドミントンも進化しています。ルールも変わり、ラケットの素材や品質も格段に向上しました。それにともない、選手の技術も変化しています。トップの選手は世界で戦う中で、実際にその変化や進化を肌で感じながら、彼ら自身が進化していますが、その技術は一般の愛好家レベ

ルまでまったく伝わっていないのが現状です。

　もちろん、トップ選手が行う技術には一般プレーヤーがマネをするには難しいものもありますが、実際は"基礎"といわれる部分が大きく変化しているのです。グリップの持ち方、ラケットワーク、シャトルの当て方、フットワークなど、その変化は多岐にわたります。現在の最新と考えられる"基礎"から学べば、一般プレーヤーもよりスムーズに上達することが可能です。これから紹介する練習法や技術は、うまくなりたいならぜひ取り入れてほしい「最新式の基礎」となります。

　トップ選手にとっては、その技術は感覚的なところで行っていることが多く、言葉で説明するのは難しいかもしれません。この本を通じて、それを少しでもわかりやすく言葉で説明したい、具体的にみなさんに示したいと考えています。

　ベーシックな部分は、私自身がプレーし、指導する中で重ねてきた経験を踏まえたもので、ぜひ取り入れてほしい提案になります。もちろん、この最新式の基礎を元に、さらにみなさんがよりうまくなるために工夫をしていくこともすばらしいことです。一般プレーヤーのみなさんも身につくまで継続することで、さらにステップアップすることは間違いありません。

　たくさんのビギナー、中級レベルの方に読んでいただきたいと思います。

藤本ホセマリ

CONTENTS
目次

- 2 ── はじめに
- 8 ── 強くなるために必要な6つの要素
- 10 ── 本書の使い方

第1章 グリップ

- 12 ── ラケットを握る
- 14 ── 親指で握りやすく調節する
- 16 ── Menu001　指を動かす
- 17 ── Menu002　4本指を鍛える
- 18 ── Menu003　ラケットを回す
- 19 ── Menu004　空中でシャトルを拾う
- 20 ── Menu005　素振り
- 22 ── 章末コラム1

第2章 ショット

- 24 ── Menu006　正しい構えをつくる
- 25 ── Menu007　半身からの体重移動
- 26 ── 基本のクリアーを連続写真で学ぶ
- 28 ── Menu008　素振り　クリアーを習得する
- 30 ── 基本のスマッシュを連続写真で学ぶ
- 32 ── Menu009　手投げノック　スマッシュを習得する
- 34 ── ストレートカットを連続写真で学ぶ
- 36 ── クロスカットを連続写真で学ぶ
- 38 ── Menu010　リピート練習　カットを習得する
- 40 ── ハーフカットを連続写真で学ぶ
- 42 ── Menu011　素振り　ハーフカットを習得する
- 43 ── Menu012　手投げノック　ハーフカットを習得する

44		基本のドライブを連続写真で学ぶ
46	Menu013	手投げノック　ドライブを習得する
47	Menu014	リピート練習　ドライブを習得する
48		基本のプッシュを連続写真で学ぶ
50	Menu015	手投げノック　プッシュを習得する
52		基本のロビング（フォアハンド）を連続写真で学ぶ
54		基本のロビング（バックハンド）を連続写真で学ぶ
56	Menu016	手投げノック　ロビングを習得する
58		基本のスマッシュレシーブを連続写真で学ぶ
60		ボディまわりのレシーブの種類を学ぶ
65	Menu017	スマッシュを受ける
66	Menu018	壁打ち
68		基本のヘアピンを連続写真で学ぶ
70	Menu019	手投げノック　ヘアピンを習得する
72		ハイバッククリアーを連続写真で学ぶ
74	Menu020	手投げノック　ハイバックを習得する
78		リバースカットを連続写真で学ぶ
80	Menu021	肩から腕を動かす
81	Menu022	肩とヒジを動かす
84		章末コラム2

第3章　ノック

86	Menu023	ヘアピンノック
88	Menu024	カットノック
90	Menu025	ドライブノック
92	Menu026	スマッシュ＆ネット半面
94	Menu027	スマッシュ＆ネット全面
96	Menu028	ネット前プッシュ
98		章末コラム3

第4章　シングルス

100		シングルスの試合をする
102		シングルスのサービスまわり
104	Menu029	2対1クリアー／カット
106	Menu030	オールショート
108	Menu031	オールロング
110	Menu032	2対1　攻撃と守り
112		章末コラム4

第5章 ダブルス

114		ダブルスの試合をする
116		ダブルスのフォーメーション
118		ダブルスのサービスまわり
120	Menu033	3対2 攻撃と守り
122	Menu034	2対2 オールショート
124	Menu035	2対1 プッシュ
126	Menu036	2対2 ノーロブ練習
127		ダブルスの前衛で使うプッシュの種類を学ぶ
128		章末コラム5

第6章 フットワーク

130		フットワークの考え方
131		コート上での立ち位置
132		動きやすい方向
133	Menu037	前方へのフットワーク
134	Menu038	後方へのフットワーク
136	Menu039	フォア前へのフットワーク（近い場合）
137	Menu040	フォア前へのフットワーク（遠い場合）
138	Menu041	バック前へのフットワーク（近い場合）
139	Menu042	バック前へのフットワーク（遠い場合）
142	Menu043	フォアサイドへのフットワーク（近い場合）
143	Menu044	フォアサイドへのフットワーク（遠い場合）
144	Menu045	バックサイドへのフットワーク（近い場合）
145	Menu046	バックサイドへのフットワーク（遠い場合）
146	Menu047	フォア奥へのフットワーク（近い場合）
147	Menu048	フォア奥へのフットワーク（遠い場合）
148	Menu049	バック奥（ラウンド）へのフットワーク（近い場合）
149	Menu050	バック奥（ラウンド）へのフットワーク（遠い場合）
150	Menu051	跳びつきの足運び（フォアサイド）
151	Menu052	跳びつきの足運び（バックサイド）
152	Menu053	跳びつきの足運び（フォア奥）
153	Menu054	跳びつきの足運び（バック奥：ラウンド）
154	Menu055	指示出しフットワーク
155	Menu056	シャトル運び
158		章末コラム6

第7章 トレーニング

- Menu057 チャイニーズステップ
- Menu058 ラインジャンプ
- Menu059 筒跳び
- Menu060 スキップ
- Menu061 スキップニーイン
- Menu062 バックスキップニーアウト
- Menu063 サイドステップ
- Menu064 クロスステップ
- Menu065 ツーステップ前
- Menu066 ツーステップ後ろ
- Menu067 両足ジャンプ前
- Menu068 両足ジャンプ後ろ
- Menu069 縄跳び
- Menu070 ケンケン
- Menu071 はさみケンケン
- Menu072 横ケンケン
- Menu073 ネットくぐりサイドステップ
- メニューの組み立て方

おわりに

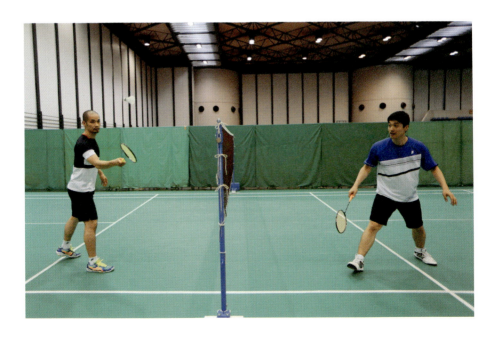

強くなるために必要な
6つの要素

「体の使い方」
重心の移動
体の連動

正しい体の使い方をすることで、より小さい力で強い球を打つなど効率的なプレーが可能です。特に、重心の移動、体の連動などが重要になります。ショットのドリルでは、こうしたポイントも意識して練習するといいでしょう。

「筋力の強化」
フィジカル（下半身強化）
アタック力（上半身強化）
バランス力（体幹の強化）

筋力は、フットワークの速さ、スマッシュ力、レシーブ力、ジャンプ力を強化するなら、欠かせない要素となります。また、苦しい体勢からでもコースをねらったり、安定したショットを打つためには、体幹の強化も必要となります。

「感覚の強化」
シャトルをとらえる感覚
コースをねらう感覚
ヘアピン、カットを打つ感覚

バドミントンは羽根を打つという特有の感覚を必要とされます。たくさん打つことで、技術、感覚を養ってください。特にヘアピンやカットの感覚は難しいので、より多く練習する必要があります。

バドミントンの競技特性を踏まえたとき、強くなるためには必要な要素が6つあります。自分に何が足りないかを意識して取り組むことが大切です。

「目を速さに慣らす」
速いスマッシュをたくさんレシーブする

筋力があっても目がシャトルの速さに慣れていないと、反応も遅れ、ラケットの面にシャトルをうまく当てられなくなります。速いスマッシュをたくさんレシーブすることで、目が速さに慣れ、レシーブ力も上がります。

「精神力の強化」
いろいろなスタイルの人とバドミントンをする。緊張する場面をたくさん経験する

バドミントンの試合はたいへんハードです。苦しくても勝ちたい気持ち、頑張れるという精神力が必要とされます。また、試合に強くなるためには、さまざまなプレースタイルの人と試合をしたり、緊張する場面をたくさん経験して自分の中での経験値を上げていくことも大切です。

「継続的な練習」
週に3回以上は練習してほしい

ボールとは違う特殊な動きをする羽根を打つには、その感覚を体で覚えなければなりません。たくさん羽根を打つことで、感覚を養うことができるので、練習量はやはり必要になります。いくら運動神経がよくても週1回の練習ではうまくなりません。逆にいえば、練習したぶんだけ結果を得やすい競技ともいえるでしょう。

本書の使い方

本書では、写真や図、アイコンなどを用いて、一つひとつのメニューを具体的に、よりわかりやすく説明しています。写真や"やり方"を見るだけでもすぐに練習を始められますが、この練習はなぜ必要なのか？ どこに注意すればいいのかを理解して取り組むことで、より効果的なトレーニングにすることができます。右利きをモデルにしています。左利きの人は左右を入れ替えて行いましょう。

▶ 得られる効果が一目瞭然
練習の難易度や行う時間、あるいはそこから得られる効果が一目でわかります。自分に適したメニューを見つけて練習に取り組んでみましょう。

▶ 使用グリップ
練習するときに使うグリップを表示。Fはフォアハンド、Bはバックハンドを表しています。

▶ ワンポイント アドバイス
掲載した練習法をより効果的に行うためのポイント。

▶ なぜこの練習が必要か？ 練習のポイントと注意点
この練習がなぜ必要なのか？ 実戦にどう生きてくるのかを解説。また練習を行う際のポイントや注意点を示しています。

そのほかのアイコンの見方

気をつけておきたい、やってしまいがちなNG例などを紹介しています。

練習にまつわるエピソードやどんな場面でおこなうのが効果的かを紹介します。

第1章
グリップ

ラケットの握り方（グリップ）は一番最初に覚えることですが、正しいグリップでシャトルを打とうとすると意外に難しい。打ちやすさを求めると間違ったグリップでスタートしてしまうことが多く、一度間違えてしまうと正しい握り方に戻すのは簡単ではありません。ぜひしっかり覚えてください。

グリップ

テーマ ラケットを握る

グリップ、いわゆるラケットの握り方に実は正解というのはない。トップ選手でも、自分で握りやすいグリップでシャトルを打っているのが実情だ。ただし、基本のグリップを知ることで、よりレベルアップがスムーズになるのも確かだ。

本書では、基本のグリップを「センターグリップ」（イースタングリップの握り方）、センターグリップから内側にグリップを傾けたグリップを「イングリップ」、センターグリップから外側にグリップを傾けたグリップを「アウトグリップ」と呼ぶ。

共通ポイント！

親指を意識しすぎずに握る

さまざまなシャトルに対してラケット面を作るためには親指をあまり意識しすぎずに握ること。もちろん人さし指と親指でしっかり挟み込んで打つ場合もあるが、**親指を外し、4本指で握ることでラケット面をうまく調節しやすくなる。**

---

①センターグリップ （＝イースタングリップ）

自分目線

握り方

ラケットの面が床に対して垂直になっている状態で、包丁を持つような感覚で握る。

なぜ必要？

基本となるグリップ

センターグリップ（＝イースタングリップ）は基本のグリップ。この握り方は、**正しい腕の使い方をマスターするためには必須。**クリアーやカットは次に紹介するイングリップで打つことが多いが、コースによってはセンターグリップで打ったほうが打ちやすい場合もある。また、**持ち替えが難しい場合も、この基本のグリップで対応する。**

②イングリップ （＝グリップを内側に傾ける）

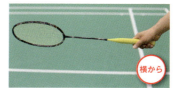

握り方
センターグリップから内側にグリップを傾ける（左方向に回す）。

❓ なぜ必要？

さまざまなショットが打てるグリップ

スマッシュ、クリアー、カット、フォアのドライブ、ハイバック、バックハンドのカット、フォアのヘアピンなど、さまざまなショットを打つときに使う。バックのヘアピンを打つときもネットの下のほうでとらえるときは、この握り方でラケット面をつくる。

---

③アウトグリップ （＝グリップを外側に傾ける）

握り方
センターグリップから外側にグリップを傾ける（右方向に回す）。

❓ なぜ必要？

ダブルスで多用するグリップ

カット、サイドのレシーブ（フォア・バック）、バックハンドドライブなどを打つときに使う。ダブルスで多用することが多い。

グリップ

親指で握りやすく調節する

センターグリップから握る位置をずらすことで、どんなショットも打つことができるが、このとき親指にとらわれないことが大切だ。「この持ち方をしないと」と考えすぎると、親指が邪魔をすることもある。また、親指を外すことで力を抜きやすくレシーブがしやすいというメリットもある。親指をグリップから外す、または親指の位置を変えるなどして自在に調節して打つようにしよう。

❌ ここに注意！

グー握りで持つと指が使えなくなる

初心者にありがちなグリップは、指をぎゅっと握り込む「グー握り」。これでは、ほとんど指が使えなくなってしまう。なかにはうまく打てる人もいるが、まずは基本のセンターグリップで握ることをおすすめする。また、初心者に見受けられるのは、右下のようなグリップ。写真のようにいわゆるウエスタンの面でシャトルを打つと、抑えがきかずシャトルがアウトしてしまう。

①センターグリップから親指を外す

握り方

親指をグリップにつけているとラケットの面の角度が制限されて、打てないショットが出てくる。親指を外せば、面が正面を向きやすいので対応しやすくなる。

Point! 親指を外すとラケット面が正面を向く

②イングリップから親指を外す

握り方

1. 親指を外すことで、ラケット面を調整する。
2. 親指を外し、4本指の横に添える。
   ハイバックを打つときなどは、親指を外し、グリップを支えるために4本指で握った横に親指を添える。

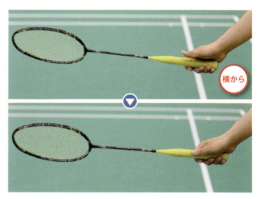

③アウトグリップから親指を外す

握り方

1. 親指を外すことで、ラケット面を調整する。
2. 親指を外し、4本指の横に添える。ショットを打つときに親指を添えると強いショットが打てるので、グリップを支えるために4本指で握った横に親指を添える。

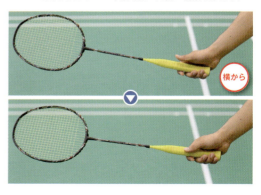

グリップ

ねらい グリップワークを鍛える

難易度	★☆☆☆☆
時間	5分

得られる効果
- ▶ 技術・感覚
- ▶ シャトルのスピード
- ▶ コントロール
- ▶ 持久力
- ▶ 瞬発力

Menu 001 指を動かす

センターグリップ / イングリップ / アウトグリップ

やり方
親指をのぞく4本指でグリップを握り、ラケットヘッドを上下に動かす。
センターグリップ、イングリップ、アウトグリップのそれぞれで行う。

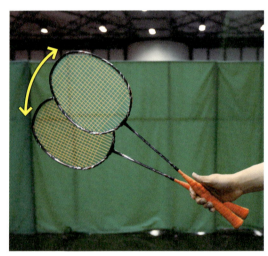

手元拡大

■ ポイント
手首は使わず、4本指の中で遊びをつくりながら動かす

ジュニア選手は親指を添えてやってみよう

藤本ホセマリの ワンポイントアドバイス

手の小さいジュニア選手などは4本の指だけでラケットを動かすのは難しいかもしれない。その場合は、軽く親指を添えて同様に行ってみよう。

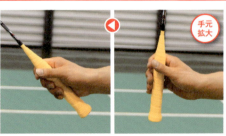

手元拡大

グリップ

ねらい グリップワークを鍛える

Menu 002 4本指を鍛える

センターグリップ
イングリップ
アウトグリップ

難易度 ★☆☆☆☆
時間 5分

得られる効果
▶ 技術・感覚
▶ シャトルのスピード
▶ コントロール
▶ 持久力
▶ 瞬発力

やり方

センターグリップの握りで、親指以外の4本の指でグリップを握り、グリップを握ったまま手を広げたり、閉じたりする。イングリップ、アウトグリップでも同様に行う。

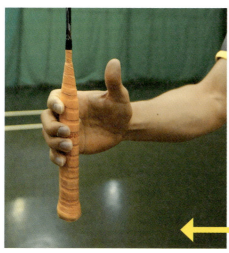
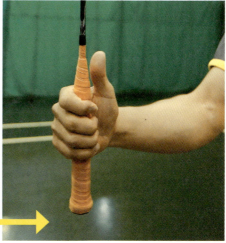

4本指で動かせる範囲を確認しよう

センターグリップ、イングリップ、アウトグリップのそれぞれにおいて、4本指でグリップを支え、ラケット面が顔に正対したまま前後に動かし、動かせる範囲を確認しよう。それによって、どういうショットに対応できるか自分でわかるようになる。

藤本ホセマリの ワンポイントアドバイス

ジュニア選手は親指を添えてやってみよう

グリップ

スムーズにラケットを扱う

難易度	★☆☆☆☆
時間	1分

得られる効果
▶ 技術・感覚
▶ シャトルのスピード
▶ コントロール
▶ 持久力
▶ 瞬発力

Menu 003 ラケットを回す

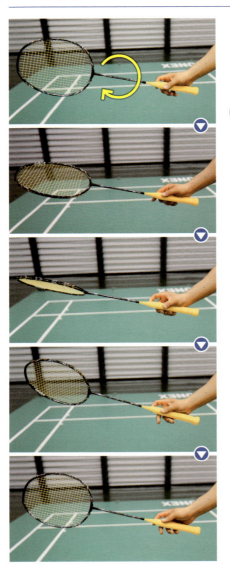

やり方

指でラケットを持ち、指を使ってグリップを回す。親指側に回したら、逆側にも回して、どちら側にもスムーズに動かせるようにしよう。

？ なぜ必要？

指先の動きや感覚を磨く

スムーズなグリップチェンジを行うには器用に指を動かす必要があるため、素早く指を動かすクセをつけよう。また、指先には神経が集まっているので、繊細な感覚がつかみやすく、指先の情報によってピンポイントのコントロールも可能になる。ラケットの感覚を指先で常につかめるように、ラケット面を見なくても指先でラケット面がどうなっているかをわかるくらいになるといいだろう。

ポイント

手首ではなく指で回す

手首を使って手のひらの中で回すのではなく、あくまで指を使う。

手首で回す

グリップ

ねらい スムーズにラケットを扱う

Menu 004 空中でシャトルを拾う

センターグリップ / イングリップ / アウトグリップ

難易度 ★★☆☆☆
時間 20回

得られる効果
▶ 技術・感覚
▶ シャトルのスピード
▶ コントロール
▶ 持久力
▶ 視覚力

やり方

自分でシャトルを打ち上げてから、それを拾う。シャトルがラケット面で跳ねたり、シャトルを打ったりしないように行う。

❓ なぜ必要？

指と腕全体を使ったラケットワークの感覚を養う

指に加え、腕全体を使ってラケットを扱う感覚を養う。繊細な感覚を必要とされるバドミントンで、ラケットをスムーズに扱えるかどうかは重要だ。

🔶 ポイント

シャトルと同じスピードでラケットを落としていく

シャトルを拾うときに、シャトルの落下スピードと同じスピードでラケットを落としていくと、うまく拾える。急な動きでラケット軌道を変えないように、==シャトルを乗せるように==やってみよう。

Extra

バック側でもチャレンジ！

バックハンドで行うのは難しいが、フォアハンド側でできるようになったらバックにもチャレンジしてみよう。うまくできるようになると、==バックでシャトルを"切る"感覚がつかめる==ようになる。

グリップ

グリップをスムーズに持ち替える

ねらい

Menu **005** 素振り

センターグリップ
イングリップ
アウトグリップ

難易度 ★☆☆☆☆
時間 1分

得られる効果
▶ 技術・感覚
▶ シャトルのスピード
▶ コントロール
▶ 持久力
▶ 瞬発力

やり方

アウトグリップでバックドライブを打つようにスイングし、すぐにイングリップに持ち替え、フォアドライブを打つようにスイングする。4枚目の写真のタイミングでグリップチェンジを行う。

Point!
グリップチェンジ

20

打ちやすいようにすぐに準備する

ドライブのラリーで自分の打ちやすい打ち方にすぐに準備する練習。
グリップチェンジの遅れはミスショットの元になる。

🏸 ポイント

ラケットを上げるタイミングでグリップチェンジをする

ラケットを構えてからグリップを替えるのは難しいため、スイング後にラケットを上げるタイミングでグリップチェンジをすること。素振りでそのタイミングをつかむようにしよう。

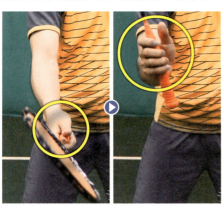
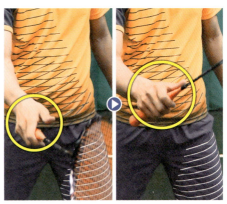

リストスタンドしよう

藤本ホセマリの ワンポイントアドバイス

バドミントンで使うショットのほとんどは、リスト（手首）を立てた状態で打つ。リストを立てないことはほとんどない。構えの姿勢を作ったあとにリストを立てるよりも、ラケットを持つときには最初からリストを立てておいたほうが次のショットに反応しやすいため、常にリストスタンドを意識しておこう。

最初からリストを立てている

手首が寝ているとショットが安定しなかったり、対応が遅れたりする

コラム 1

新しいグリップや打ち方を柔軟に試してみよう

　みなさんが一般的に教わるグリップは、「イースタングリップ」「ウエスタングリップ」「バックハンドグリップ」の３つでしょう。どのショットを打つときに、どのグリップで握るかなどを教わると思いますが、実は正しいグリップというのはありません。スピードのあるラリーの中で返球するためにはグリップの握り替えをしないままシャトルを打つこともありますし、指の使い方や体の使い方などで１つのグリップで対応できることもあります。

　本書では、より実戦に向いているグリップを「イングリップ」「センターグリップ」「アウトグリップ」として紹介しました。これらは４本指を主に使うグリップです。構えから面を作るまでは４本指でグリップを操作し、インパクトで親指を添えたり、押したりする打ち方です。親指を強く握り込まないことでグリップを動かす範囲が広がり、あらゆる球に対応しやすくなります。

　第２章からのショットの練習法では、「イングリップ」「センターグリップ」「アウトグリップ」のどのグリップで握るとよいかを明示しました。ただし、それがすべてとは限りません。状況や体勢、人によって適したグリップは変わってきます。こうしなければいけないという先入観を捨てて、いろいろな握り方や打ち方を柔軟に試してみてください。

第2章
ショット

次はショットを覚えていきます。ここではより質の高いショットを練習できるように紹介しています。たとえば同じカットでもより質の高いカットならエースショットとなる確率もグッと上がります。一通りショットが打てる方も一度読んで、さらに磨きをかけてください。

構え

オーバーヘッドストロークを無駄なく打つ

ねらい

Menu **006** 正しい構えをつくる

センターグリップ
イングリップ
アウトグリップ

難易度 ★☆☆☆☆
時間 5分

得られる効果
▶ 技術・感覚
▶ シャトルのスピード
▶ コントロール
▶ 持久力
▶ 瞬発力

やり方

ネットに対して右半身を引いた半身の体勢を作り、両ヒジを肩の高さに上げ、手のひらはネット方向に向ける。肩のラインを一直線に保ったまま、利き腕側のヒジを下げる。それに伴い、逆側の腕は少し上がる。この状態でラケットを握る。

なぜ必要?

無駄な動きを省く

正しい構えを作ることで無駄な動きを省き、力に頼らないフォームを身につけられる。

ポイント

ヒジと肩のラインを一直線に

ヒジ、肩を結ぶラインを一直線にする。また、ラケットの面は内を向けず、外側を向くようにする。

ここに注意!

ラケットの面が内を向いている

面が内を向いていると、そこから面をシャトルに向ける動作が入るため、シャトルに対して面を作るのが遅れてしまう。

ラケットを担ぐ

ラケットを担ぐと、ヒジの位置が低くなり、正しいラケットの出し方ができない。横振りになったり、力に頼った打ち方になり、ラケットの遠心力を生かせない。

構え
オーバーヘッドストロークを楽に強く打つ

ねらい

Menu 007　半身からの体重移動

センターグリップ
イングリップ
アウトグリップ

難易度 ★☆☆☆☆
時間 5分

得られる効果
▶ 技術・感覚
▶ シャトルのスピード
▶ コントロール
▶ 持久力
▶ 観察力

横から

前から

やり方
半身になり、正しい構えを作ったあと、次のステップとして十分に右足に体重を乗せる状態を作る。

なぜ必要？
力に頼らず強いショットを打つ
体重移動をすることで、力に頼らず、楽に強いショットを打つことができる。体重移動を行わないと、上半身の力だけでショットを打つことになり、疲れやすくもなる。

ポイント
右ヒザを曲げ、力をためる
つま先をネットと平行にし、右ヒザを曲げることで、体重を右足に乗せよう。

体の幅に構えを収める
半身で構えた状態を正面から見ると、きれいに体の幅に構えが収まっていることがわかる。余計な動きが入りにくく、きれいなフォームで打てると同時に、相手に自分を大きく見せられる効果もある。

ここに注意！
両足に体重を乗せている
上半身で半身を作っても、両足に体重が分散された状態だと体重移動は使いづらい。この状態からシャトルを打ちにいくと、上半身の力だけで打つことになる。

クリアーを習得する

基本のクリアーを連続写真で学ぶ

ねらい

クリアーは相手のコート奥をねらって、シャトルを高く遠くに飛ばすショット。守備的に高く返球するハイクリアー、速さを優先するドリブンクリアーがあるが、まず遠くに飛ばすことから習得しよう。

Point!
ヒジを一気に上げる

横から

前から

ヒジを上げることで上から叩ける

クリアーでは半身を作って構えた状態から、ヒジを一気に上げてシャトルを高い位置でとらえることが大切。ヒジを上げることで、シャトルを上から叩くことができる。ビギナーにはこれができない人が多く、ヒジが上がらないと、シャトルを押し出すようなフォームになり、角度もつけにくく、球が浮きやすくなる。

ヒジが上がらず、押し出すフォーム

Point!
ヒジを一気に上げる

クリアーを習得する

ねらい：手首を立ててスイングする

Menu **008** 素振り

センターグリップ

難易度 ★☆☆☆☆
時間 3分

得られる効果
▶ 技術・感覚
▶ シャトルのスピード
▶ コントロール

やり方

グリップを基本のセンターグリップで持ち、手首を立てる。握ったラケットが腕と90度になるように意識し、手首を回してラケットを振る。このとき、手首だけでなく、肩から動かすように意識しよう。

なぜ必要？

腕の回内・回外をマスターする

腕の回内と回外を使ってラケットをスイングするのが、オーバーヘッドストロークの基本だ。回内・回外を簡単にマスターするのがこの練習法。頭の上でも肩、腕、リストを同様に使えるようにしよう。

ポイント

ぐるっと360度を目指す

ラケットを動かす可動域はできるだけ広いほうがいい。肩から腕全体を使ってラケットを回し、ぐるっと1周できるくらいを目指そう。そのためには、ラケットを後ろに動かすときは胸を開き、ラケットを前に動かすときは、胸を丸めることも意識する。

回内・回外とは

簡単に言うと、手のひらを上に向ける動作が回外、反対に下に向ける動作が回内。

前から

Point!
肩から腕全体を使ってラケットを回す

横から

手首を回すよりも肩を回す意識で

ただ手首を回すというイメージでは、本来意図する動きになりにくい。手首を使って回すというより、手首をある程度固定させ、肩から回してラケットを振るように意識しよう。

藤本ホセマリの
ワンポイントアドバイス

手首を固定していない

スマッシュを習得する
基本のスマッシュを連続写真で学ぶ

ねらい

スマッシュはバドミントンの醍醐味の一つで、このショットに魅了される人も多い。力強く相手コートに叩き込みたい。

横から

Point!
素早くシャトルの下に潜り込む

右足にしっかり体重を乗せる

右足でけり出し、体重移動する

前から

素早くシャトルの下に潜り込む

藤本ホセマリの ワンポイントアドバイス

体重移動を使って、シャトルに力を伝えるためには、スイングの前に、まずシャトルの下に潜り込むことが大事。何度も打つ中で一番力の入る位置を見つけよう。

シャトルに力が伝わるインパクトの位置

インパクトの瞬間、シャトルを真下でとらえると、力が伝わりにくい

スマッシュを習得する

スマッシュの感覚をつかむ

難易度 ★★☆☆☆
時間 5分

得られる効果
▶ 技術・感覚
▶ シャトルのスピード
▶ コントロール
▶ 持久力
▶ 瞬発力

Menu **009** 手投げノック

センターグリップ
イングリップ
アウトグリップ

やり方

ノッカーによってネット越しに手投げで上げられたシャトルを、ネットぎりぎりをねらって打つ。

 なぜ必要?

下に打つ感覚を身につける

ネットからそれほど距離のない位置から、まずは打点、体重移動、ネットとの距離感、下に打つ感覚をつかむ。徐々にネットから離れて難しいシャトルを打てるようにしよう。

横から

ポイント

体重を移動させて打つ

右足に体重を乗せて待ち、インパクトで左足に体重を移動させて打つ。打球の角度をつける意識も持つ。角度が甘いとシャトルの抑えがきかず、アウトになりやすい。

NG 体重を移動させずに打つ

後ろから

📢 ノッカーポイント！

シャトルを高く上げ、打ちやすい球を

ノック練習は全般的にノッカーのクオリティが練習のレベルを左右する。意味のある練習にするためにも、選手のレベルに合わせて、ポイントをおさえた球を出そう。この Menu009 の場合は、ネットとサービスラインの真ん中あたりに落ちるような球を、高く上げる。軌道が低いと、初心者は構えとスイングが間に合わなくなり、フォームを意識できなくなってしまう。

参照ページ **P071** シャトルの出し方

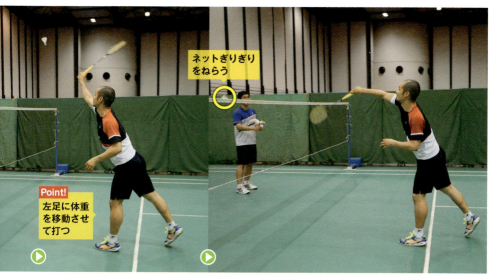

ネットぎりぎりをねらう

Point! 左足に体重を移動させて打つ

Point! 打球の角度をつける意識を持って打つ

ストレートカットを習得する

ストレートカットを連続写真で学ぶ

ねらい

センターグリップ

シャトルがネットを越えて減速し、直線的に落下するショット。コート後方でのラリーでカットを打つと、相手を前方に動かすことができる。ストレート方向に打つストレートカット、クロス方向に打つクロスカットがある。

Point!
手首の角度を残し、インパクトへ

横から

シャトルの下に潜り込む

前から

打点は少し後ろでとらえる意識

藤本ホセマリの ワンポイントアドバイス

打点は、自分がラケットを振る軌道の中で最高点ではなく、少し後ろでとらえる意識を持つと、ラケット面が上を向き、シャトルを少し浮かせて、ネットぎりぎりに落とすことが可能になる。また、インパクト時に手首を返すとネットしやすくなるので、手首の角度を保ったままインパクトを迎えるように意識しよう。

シャトルの下に潜り込めずに打つと、ラケットが横振りになり、コースも読まれやすい

ラケットを外側へ振ることを意識すると、ストレートにコントロールしやすい

クロスカットを習得する

クロスカットを連続写真で学ぶ

ねらい

センターグリップ
アウトグリップ

クロス方向に打つカット。クリアーやカットのコースを打ち分けることで、相手をコートの四隅に走らせることができる。カットのコースの打ち分けは、ラケット面の角度の違いで行う。

前から

シャトルの下に潜り込む

横から

グリップとラケット面の角度を理解して、スイングしよう

藤本ホセマリの ワンポイントアドバイス

センターグリップで握ってオーバーヘッドを打つと、インパクト時にはラケット面はネットに平行にはならず、自然にクロス方向に角度がついている。そのため、そのまま真っ直ぐに振り下ろせば自然にクロスへとシャトルが飛んでいくことがわかるだろう。つまり、シャトルをストレートにコントロールするためには、やや外側へと意識してラケットをスイングするといい。

Point! 自然にクロス方向にラケット面が向いている

ラケットを真っ直ぐに振り下ろすとクロスにコントロールしやすい

Point! 手首の角度を残し、インパクトへ

カットを習得する

適切な打点で打つ

Menu **010** リピート練習

センターグリップ
アウトグリップ

難易度	★★★☆☆
時間	5分×2セット

得られる効果
▶ 技術・感覚
▶ シャトルのスピード
▶ コントロール
▶ 持久力
▶ 瞬発力

やり方

ネット越しでパートナーにはフォア奥に配球してもらい、カットを打つ。打ったらコートの中央に戻り、これを繰り返す。

なぜ必要?

頭の後ろでとらえる感覚をつかむ

いきなり頭の後ろでシャトルをとらえるのは難しい。繰り返しラリーをする中で、徐々に頭の後ろでシャトルをとらえる感覚をつかむ。これは、カットの打点をつかむ練習になると同時に、コート奥に追い込まれたときのショットの処理とも共通する。

ポイント

腕とラケットの距離感を理解し、下がりすぎずに対応する

コート奥に下がりすぎてシャトルに対応しようとすると、打点が前になってしまう。頭の後ろでシャトルをとらえることが必要なので、ムダに下がりすぎないこと。腕からラケットの距離感を理解しておくことが大切だ。

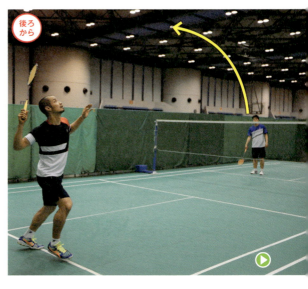

後ろから

横から

カットで浮かせることを恐れない

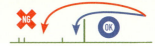

フワッと浮いた球は、相手に叩かれるのではと思いがちだが、ネットに対してシャトルは右図のように入るため、相手に簡単に叩かれることはない。また、シャトルを浮かせて相手が打つまでの時間を作ることで、自分の体勢を整えることもできる。逆にコート奥に追い込まれた体勢から速い球を打った場合、相手にすぐにネット前に切られると、コート中央に戻る時間がなく不利な体勢になるのは明らかだ。こういった緩い球を駆使した時間の使い方によってゲームメイクするのもバドミントンの醍醐味だ。

頭の後ろでとらえる

ハーフカットを習得する

ハーフカットを連続写真で学ぶ

ねらい

センターグリップ	
イングリップ	F
アウトグリップ	B

バドミントンでは、さまざまなポジションや状況に応じてショットを打つ。オーバーヘッドではなく、体の横でカットのように打つこともある。シャトルを強く飛ばすのでなく、ネット前での緩いショットとも違う、コントロールショットだ。

横から

右足をシャトルの下に潜り込ませる

フォア

右足をシャトルの下に潜り込ませる

前から

Extra

ハーフの球をていねいにコントロールするショット

あまり聞きなれないショットの名前かもしれない。特に**ダブルスでは、コートのハーフ（中間のエリア）での打ち合いが多くなる**。オーバーヘッドでは対応しにくい、そのエリアに来たショットをドライブのように強く返すのではなく、**面を作ってていねいに返す球**を本書では「ハーフカット」と呼ぶ。

 ポイント

シャトルの下に体を入れる

シャトルの下に体を入れて、ラケット面を作り、そのラケット面を斜め下に押し出すように打つ。ラケット面を返してシャトルを飛ばすのではなく、**シャトルを運ぶイメージ**。ていねいに打つことを意識しよう。

横から / 右足をシャトルの下に潜り込ませる / バック

前から / 右足をシャトルの下に潜り込ませる

ハーフカットを習得する

ねらい 面の作り方を覚える

難易度 ★★☆☆☆
時間 5分

得られる効果
▶ 技術・感覚
▶ シャトルのスピード
▶ コントロール
▶ 持久力
▶ 瞬発力

Menu **011** 素振り

インクリップ F
アウトグリップ B

やり方

ラケット面を作り、面の角度は変えずに斜め下に向かって、ラケットをていねいに動かす。

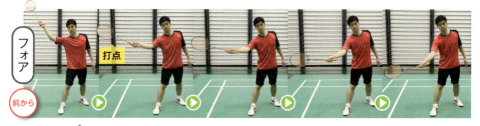

フォア／前から　打点

横から／フォア　打点

前から／バック　打点

面に角度をつけて押し出す

ラケットの面は真下に振り下ろすのではなく、面に角度をつけた状態で押し出すイメージだ。よく「シャトルを切って打つ」と表現するが、「切る」というより「押し出す」または「運ぶ」イメージで打つ。ハーフカットだけでなく、繊細なショットはこのタッチを意識するのが大切だ。あとは振り下ろす方向でシャトルのコースをコントロールする。

藤本ホセマリのワンポイントアドバイス

▲角度をつけて押し出す

▲真下に振り下ろす

ハーフカットを習得する
ハーフカットの感覚をつかむ

Menu **012** 手投げノック

難易度	★★★☆☆
時間	F・B × 各5分

得られる効果
- ▶ 技術・感覚
- ▶ シャトルのスピード
- ▶ コントロール
- ▶ 持久力
- ▶ 瞬発力

やり方

ノッカーは手投げでハーフのサイドに向かってシャトルを投げる。それをネットに落としたり、ハーフに打ったりコースを意識しながら打つ。

❓ なぜ必要？

ダブルスで多用するショット

ダブルスにおいては特に多いショット。基礎打ちにはないショットなので、それ以外のメニューで練習することによってダブルスの上達につながる。

🏸 ポイント

ラケットを止めない

打つ瞬間にスイングを止めてしまうと、コースが読まれやすい。ラケットを振り切りながらコースをねらう。

打つ瞬間、スイングを止める ❌NG

ドライブを習得する

基本のドライブを連続写真で学ぶ

ねらい

センターグリップ	F・B
イングリップ	F
アウトグリップ	B

ネットぎりぎりの高さで床と平行に飛ばすショット。ラリーでは相手からの返球も早くなるので、小さなテイクバックからコンパクトに振る。ダブルスで使われることが多い。

横から / 右足と右手首をシャトルの下に潜り込ませる / フォア

右足と右手首をシャトルの下に潜り込ませる / 前から

シャトルの下に体を入れてコントロール

藤本ホセマリのワンポイントアドバイス

足を使ってシャトルの下に体を入れ、右手首をシャトルの下にセットすることで、ラケット面が上を向き、そこからグリップを握り込むタイミングを合わせることでストレートへシャトルが飛ぶ。体が入りきっていない状態でシャトルを打つと、ネットにかけるなどのミスの原因になる。

体が入らない状態で打つ

右手首をシャトルの下に潜り込ませる

バック　横から

右手首をシャトルの下に潜り込ませる

前から

ドライブを習得する

ねらい ドライブの感覚をつかむ

難易度 ★★★☆☆
時間 F・B×各5分

得られる効果
▶ 技術・感覚
▶ シャトルのスピード
▶ コントロール
▶ 瞬発力

Menu 013 手投げノック

センターグリップ	F・B
イングリップ	F
アウトグリップ	B

やり方
ネットの手前でシャトルを投げてもらい、繰り返しドライブを打つ。

ポイント

足を使い、体をシャトルの下に入れてとらえ、ねらったところに打てるように

シャトルの下に体を入れる

📢 ノッカーポイント！

体から少し離れたところに投げる

選手の体から少し離れたところにシャトルを投げると、足を使ってシャトルをとらえる感覚を意識させやすい。

ドライブを習得する

コースや長さを
コントロールして打つ

ねらい

Menu **014** リピート練習

センターグリップ	F・B
イングリップ	F
アウトグリップ	B

難易度 ★★★☆☆
時間 F・B×各5分

得られる効果
▶ 技術・感覚
▶ シャトルのスピード
▶ コントロール
▶ 持久力
▶ 瞬発力

やり方
ネット越しにドライブを打ち合う。慣れてきたら、ショットの長さを工夫したり、ネットぎりぎりをねらったりしながら打ち合う。

❓なぜ必要？

ドライブの応酬で優位に立てるように
ダブルスでは、前衛でドライブの応酬となることが多い。ネットぎりぎりをねらうかハーフに落とすか…。コースや長さをコントロールしながら打つことが必要だ。

手首の上で打つ

🏸ポイント

手首の上でシャトルをとらえる
リピート練習になっても、しっかり体をシャトルの下に入れる意識を持とう。手首の上でシャトルをとらえることで、打点が下がっても、攻撃的なショットを打つことができる。

手首の上でとらえる

プッシュを習得する

基本のプッシュを連続写真で学ぶ

センターグリップ	F・B
イングリップ	F
アウトグリップ	B

ネット際に浮いてきたシャトルを、相手コートに叩き込むプッシュ。一発で決めようとするよりも、コンパクトなスイングで打ち、すぐに次の返球に対し準備するまでの流れを体で覚えよう。

横から

Point!
打ち終わったら、すぐに次の準備を

フォア

斜めから

フィニッシュ後すぐに振り戻しを

藤本ホセマリの ワンポイントアドバイス

プッシュは打って終わりではなく、次の球に対する準備までを一連の流れとすることが大切。ネット近くから速く打ち込むプッシュは、そのぶん相手からの返球も早くなるからだ。

振り戻さない

Point! 打ち終わったら、すぐに次の準備を

横から / バック

斜めから

プッシュを習得する

プッシュの感覚をつかむ

難易度	★★★☆☆
時間	F・B×各5分

得られる効果
▶ 技術・感覚
▶ シャトルのスピード
▶ コントロール
▶ 瞬発力

Menu 015 手投げノック

センターグリップ	F・B
イングリップ	F
アウトグリップ	B

やり方

ノッカーはネット越しにシャトルを出し、選手はプッシュを打つ。

ポイント

足と腕のタイミングを合わせ、踏み込む足に体重をかけすぎない

プッシュは足を踏み出すタイミングとシャトルを打つタイミングを合わせると打ちやすい。足が浮いた状態でラケットだけ出して打つと、空振りやミスにつながりやすい。また、打ったあとに踏み込む右足に体重をかけすぎると、次の球に対する準備が遅くなってしまうので、できるだけ両足の真ん中に重心を保っておくことを意識しよう。

足が着く前に打つ

体重をかけすぎる

Q&A

Q プッシュがバックアウトしないようにするには？

A フラットに当てるのではなく、シャトルを切りながら打つことでコントロールが可能

切りながら打つ OK

フラットに当てる NG

プッシュは力んで打つ傾向にあるので、バックアウトしがち。体をリラックスさせてシャトルのコルク部分をカットする意識で打つと、コースやシャトルの飛びをコントロールできる。このとき、イングリップで打つと、ラケットを出すだけでうまくシャトルをカットできる。

ロビングを習得する

基本のロビング（フォアハンド）を連続写真で学ぶ

センターグリップ
イングリップ

ロビング（ロブ）は、ドロップやヘアピンなどネット際に落とされたとき、コート奥へと高い軌道で返球するショット。フォアハンドとバックハンドではポイントが異なるので、それぞれ見ていく。

横から

シャトルとの距離感を測る

前から

踏み込む足の延長線上でとらえる

藤本ホセマリの ワンポイントアドバイス

フォアもバックも共通だが、シャトルが落ちていく方向に右足を踏み込み、踏み込むタイミングでシャトルをとらえる。さらに、ロビングの場合は、足を蹴る力でラケットを振り上げるとシャトルを上げやすい。踏み込む足の延長線上でシャトルをとらえるようにしよう。

腕は伸ばしすぎない

右足を踏み込むタイミングでラケットを振り上げる

ロビングを習得する

基本のロビング（バックハンド）を連続写真で学ぶ

センターグリップ
アウトグリップ

やや打点が遅れてもスイングが窮屈にならないなど打点に幅があり、バックハンドはフォアハンドよりも打ちやすい。しっかり踏み込んで打つことでコート奥へ飛ばそう。

腕は伸ばしすぎない

Point!
シャトルの飛んでくる方向に右足を踏み出す

前から

Point!
シャトルの飛んでくる方向に右足を踏み出す

シャトルとの距離感をつかもう

藤本ホセマリの **ワンポイントアドバイス**

ロビングを打つときはシャトルに近づきすぎると、窮屈なフォームになってしまうので、距離感が大切。ラケットを楽に振れる距離感をつかむように練習しよう。目安は、ヒジに適度な余裕を持たせて、ラケットを斜め前に出した位置。肩口から目で確認できるような位置に打点を設定しシャトルをとらえること。ヒジを伸ばして腕がピンと張った状態では、リストスタンドできず、うまくシャトルを上げられないので、気をつけよう。

打点が体に近すぎる

リストスタンドしてシャトルをとらえる

腕は伸ばしすぎない

リストスタンドしてシャトルをとらえる

ロビングを習得する

ロビングの感覚をつかむ

ねらい

Menu 016 手投げノック

センターグリップ	F・B
イングリップ	F
アウトグリップ	B

難易度 ★★★☆☆
時間 F・B×各5分

得られる効果
▶ 技術・感覚
▶ シャトルのスピード
▶ コントロール
▶ 持久力
▶ 瞬発力

やり方

ノッカーはネット越しにシャトルを投げ、選手はロビングを打つ。慣れてきたら、打ちたいコースをねらって打つ。

フォア

ポイント 足を踏み込むタイミング、それぞれで打つ感覚を磨く

シャトルとの距離感を意識して打つ。また、踏み込む足と同時にシャトルを打つ場合、足を踏み込んでから打つ場合の両方で打ち、感覚の違いを実感してみよう。**踏み込んでからシャトルを打つときは力が入りやすく、また踏み込むと同時に打つときはシャトルをコントロールしやすい**というメリットがそれぞれあるので、場合によって使い分けられるといいだろう。

踏み込んでから打つ

踏み込むと同時に打つ

バック

スマッシュレシーブを習得する

基本のスマッシュレシーブを連続写真で学ぶ

ねらい

センターグリップ　F・B
アウトグリップ　F・B

相手からの高速スマッシュをレシーブするショット。バックハンドのほうが対応できる範囲が広いことから、まずはバックハンドを想定して構える。

バック　前から
コンパクトにラケットを準備し、面を早く作る
ワキを少し空ける

フォア　前から
ワキを少し空ける
コンパクトにラケットを準備し、面を早く作る

左手を素早く引いて、ラケットを出す

体の軸を崩さないまま面を早く作るためには、左手の使い方が重要だ。スマッシュレシーブはいつも自分がとりやすいところでとれるとは限らないので、ラケットを振るというよりは面を早く作って返球することが成功のカギになるが、面を作るときに顔の位置が上下して軸がぶれてしまうと、ミスをしやすくなってしまう。ラケットを持った右手だけで調節しようとすると顔がぶれやすいので、左手を素早く引くことによって右手を出すようにすると、軸をぶらさずにラケットを出すことができる。

藤本ホセマリの ワンポイントアドバイス

左手を引くことで右手を出す

軸がぶれないように

バック

ワキを少し空け、ラケットを振りやすい状態を作る

横から

テイクバックはほとんどせず、コンパクトにラケットを振る

フォア

横から

テイクバックはほとんどせず、コンパクトにラケットを振る

構えるときに少しワキを空け、ラケットを振りやすい状態を作る

スマッシュレシーブを習得する
ボディまわりのレシーブの種類を学ぶ

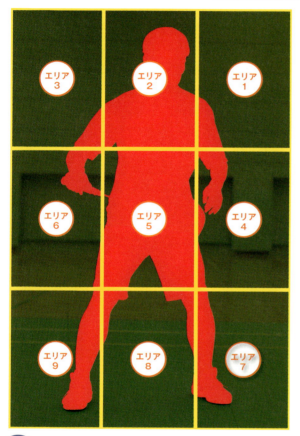

Point! 基本はバックハンドで打つ

Point! フォアハンドでも打てると幅が広がる

❓ なぜ必要？

エリア別の返球方法をおぼえる

スマッシュレシーブは、相手の速いスマッシュを返球しなくてはいけないため、瞬時に面を作って対応する必要がある。そのため、できるだけ広い範囲に対応できるバックハンドで返球することが多いのだが、フォア側の遠いエリアで返す場合や、事前にフォア側に来ることが予測できる場合などはフォアハンドで対応することもある。ボディまわりのエリア別レシーブの返球方法を学ぼう。

エリア❶〜❸のポイント

スマッシュレシーブはバックハンドで打ったほうが安定する。エリア❶〜❸では、**基本的にはバックハンドで対応する**が、たとえば相手が打ってくるコースが予測できてフォア側１点で待っているときや、シャトルに対してしっかり潜り込んで打つ余裕のあるときなどはフォアハンドで対応することも可能。女子選手などバックハンドで強い球が返せない場合は、フォアハンドでも打てるということを頭に入れておくとよい。

エリア❶ 基本の返球

バックでアウトグリップ

エリア❶ チャレンジ

フォアでイングリップ

エリア❷ 基本の返球

バックでアウトグリップ

エリア❷ チャレンジ

フォアでイングリップ

エリア❸ 基本の返球

バックでアウトグリップ

エリア❸ チャレンジ

フォアでイングリップ

エリア❹〜❻のポイント

ボディまわりは、腰から下も基本的にはほとんどバックハンドで対応する。フォアサイドの低いエリアはどう打つか悩みどころだが、バックハンドで返球できれば安定したレシーブができる。例えば、エリア❻での打ち方は「バックハンドで対応する」「フォアハンドで対応する」「バックハンドのグリップのままヒジを締めて対応する」の3パターン。バックハンドでのレシーブをマスターしたら、ほかの2つの打ち方にもチャレンジしてみよう。

エリア❹ 基本の返球

バックで アウト グリップ

エリア❺ 基本の返球

バックで アウト グリップ

エリア❺ チャレンジ

フォアで イン グリップ

エリア❻ 基本の返球

バックで アウト グリップ

エリア❻ チャレンジ

フォアで イン グリップ

エリア❻ チャレンジ

バックで アウト グリップ

エリア❼〜❾のポイント

足元のショットは打つ技術ももちろん必要だが、**股関節やヒザの使い方**も重要になってくる。ヒザが伸びきった状態では安定したショットが打てない。角度のある球に対しては**低い姿勢**で構えたほうがスムーズに動き出しやすい。また、重心がカカト側に寄ってしまうと、面を作るのが遅れてしまうので、前傾に構えて対応しよう。

エリア❼ 基本の返球 — バックでアウトグリップ

エリア❽ 基本の返球 — バックでアウトグリップ

エリア❾ 基本の返球 — バックでアウトグリップ

エリア❾ チャレンジ — フォアでイングリップ

Extra
前傾姿勢をとることで懐をつくる

ラケットを前に出して前傾姿勢をとることで、体とラケットの間に懐ができる。この**懐を使ってテイクバックをとり、レシーブのタイミングを合わせる**。足のスタンスも狭くならないように注意する。また、右足前でも左足前でも、どちらでも対応できるようにしよう。

Point! 前傾姿勢になり、ラケットを前に出すことで懐ができる

Point! スタンスは広めに構える

Q&A

Q エリア6とエリア9に来たシャトルをねらったところに返せないのはなぜ？

A 「面を作る」「前に出す」の動きを 2段階に分けて打とう

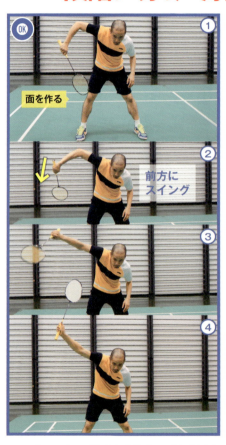

　スマッシュレシーブをうまく相手コートに返球するコツは、**1**ラケット面を作り、**2**前方にラケットを出すという2段階の動きの手順を踏むことです。右の連続写真では、スイングが外に流れてしまい、**1**と**2**の2段階の動きになっていません。ラケットが外側に回ると、**1**の面を作る動きもおざなりになり、面が作れずショットは安定しません。左の連続写真のように①で**1**面を作り、②～④で**2**前方にラケットを出しましょう。さらに、肩からしっかり回すことで安定したスイングができるので、ヒジを前に出して肩から打つフォームを意識しましょう。

スマッシュレシーブを習得する

速いスマッシュに慣れる

Menu 017 スマッシュを受ける

難易度 ★☆☆☆☆
時間 5分

得られる効果
▶ 技術・感覚
▶ シャトルのスピード
▶ コントロール
▶ 打ち方
▶ 瞬発力

スマッシュの軌道を確認する

やり方

ネットを挟んでスマッシュを打ってもらい、スマッシュレシーブの構えを作り、それを返球せずに軌道を目で確認する。

なぜ必要？

速いスマッシュの恐怖心を取り除く

スマッシュレシーブをうまくできない原因の多くは、スピードのあるシャトルが向かってくることに対して体が硬くなってしまったり、条件反射で体を引いてしまったりなどが挙げられる。そのため、まずは恐怖心を取り除き、客観的な視点でシャトルの軌道を確認することが必要になってくる。

✖ ここに注意！

怖がって体を引く

スマッシュを怖がって反射的に反応してしまうと体を引いたり、重心が高くなってしまう。重心が低くならないとシャトルに対して面を作ることができず、安定したショットが打てない。

シャトルを避ける

シャトルを避けると、シャトルを見ることができず、返球も難しい。

🏸 ポイント

どのように返球するかをイメージする

恐怖心を抱かずにシャトルを見ることができるようになったら、次はここにシャトルが来たから、このコースに打とうなど考えるようにしてみよう。

スマッシュレシーブを習得する

速いラリーに慣れる

Menu **018** 壁打ち

センターグリップ
アウトグリップ

難易度 ★★★☆☆
時間 5分

得られる効果
▶ 技術・感覚
▶ シャトルのスピード
▶ コントロール
▶ 持久力
▶ 瞬発力

やり方

壁に向かってシャトルを打ち、それを受ける。打ったあと、すぐにラケットを準備して、次の返球に備える。

ポイント

ヒジと手首と指を一緒に使う

壁打ちはシャトルが返ってくるのが早いので、**早い準備が必要**。また、手首だけを使って打つと、すぐに疲れてしまうので、ヒジと手首と指を一緒にタイミングよく使えるように意識すると安定しやすく、長く打ち続けることができる。

Extra

フォアハンドや重いラケットでもやってみよう

バックハンドで打ちがちだが、意識してフォアハンドでも返球してみよう。フォア・バック交互に打ったり、フォア・フォア・バックなど自分でアレンジしてみるのもいい。また、トレーニング用の重いラケットで行うと、力がつくだけでなく、ラケットの面の当て方を意識しやすい。

Level UP!

ラケット面の使い方でシャトルの軌道は変わる

レシーブ時にラケット面の使い方によってシャトルの向きや軌道を操作することができるので、状況によって意識して使い分けられるようになるといいだろう。

1 ラケット面を上に向けていきシャトルを返す

ラケット面を上に向けていきシャトルのコルクが下を向くように返球すると、少し浮きやすく、ネットを越えやすいショットになる。

ラケット面を上に向けて打つ

2 ラケット面を下に向けるようにかぶせてシャトルを返す

シャトルをとらえたあとシャトルのコルクが上を向くようにラケット面を下にかぶせて返球すると、シャトルはネットを越えて沈んでいくような軌道になる。

ラケット面をかぶせて打つ

ヘアピンを習得する
基本のヘアピンを連続写真で学ぶ

ねらい

センターグリップ	F・B
イングリップ	F・B
アウトグリップ	F・B

ネット近くからラケットでシャトルを運んで相手のネット際に返すバドミントンならではの特徴的なショット。打つというより感覚的なものが重要になってくるので何度も練習してシャトルを運ぶ感覚をつかもう。

横から
フォア

体をシャトルの近くまで入れてラケットをシャトルの下に

Point!
手で調節するのではなく、体で打ちにいく意識で

フォア
前から

藤本ホセマリのワンポイントアドバイス

基本的にフォアはイングリップ、バックはアウトグリップ

ヘアピンではフォア、バックともどのグリップも使うが、とくにフォアハンドはセンターグリップからやや内側に寄せたイングリップ、バックハンドはセンターグリップからやや外側に寄せたアウトグリップが最適。

イングリップ / アウトグリップ

Point! 手で調節するのではなく、体で打ちにいく意識で

体をシャトルの近くまで入れてラケットをシャトルの下に

横から / バック

バック / 前から

ヘアピンを習得する
実戦に役立つヘアピンを打つ

Menu 019 手投げノック

センターグリップ	F・B
イングリップ	F・B
アウトグリップ	F・B

難易度 ★★★☆☆
時間 F・B×各5分

得られる効果
▶ 技術・感覚
▶ シャトルのスピード
▶ コントロール
▶ 持久力
▶ 瞬発力

やり方
ノッカーにネットの向こうから手投げでシャトルを出してもらう。ノッカーは実際の試合を想定して、正面から投げたり、コート中央付近からクロスに投げたりなど場所を変えて行う。

ポイント
目的によって打つまでの距離を変える

基本フォームの習得としては、一歩足を出すくらいのポジションからスタートしシャトルを打つ。また、コートのセンター付近からスタートし、斜め前に出てシャトルを打つという動きも加えるとより実戦的になる。

体のメカニズムを理解して動く

藤本ホセマリのワンポイントアドバイス

動きながら打点へ入ろうと足を大きく踏み出すと、自然と重心が落ちるが、そのとき頭が落ちるような状態になってラケットを出すと、視線も落ちるためラケットやシャトルのコントロールは難しくなる。**イメージとしては、踏み出す前に先にヒザを軽く曲げておき、低い姿勢から足を踏み出し、ヒザを乗せていく。** その状態でラケットを下から押し出すと、シャトルをコントロールしやすくなる。

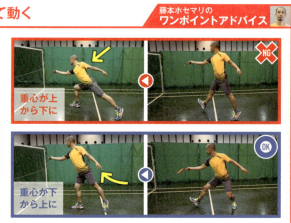

重心が上から下に　NG
重心が下から上に　OK

70

ノッカーのシャトルの出し方

ノック練習において、ノッカーのシャトルの出し方はショット習得のために重要な要素となります。どのようなショットを打つか、どのような練習を行うかなど取り組む意味によって、出し方も変わってくるので、「打ちやすいノック」「ギリギリ届くノック」など練習の意図を考えながら、ノックを出すといいでしょう。

1 下から投げる

シャトルのコルク部分を投げる方向に向けて下から投げる。

2 上から投げる

上から投げる場合もシャトルのコルク部分を投げる方向に向けて投げる。

▲シャトルのコルク部分を自分のほうに向けて投げると、シャトルの軌道が安定しにくい

Level UP!
スピンネットも再現可能

手投げでスピンネットを再現することも可能。親指を上にしてシャトルのコルク部分を握って、手首を手前に回しながら投げると、シャトルが回転してスピンネットのような軌道で飛ぶ。スピンネットを返球する練習はハイレベルだが、この手投げノックでシャトルの軌道をよく見ながら返球の練習をすることができるので、チャレンジしてみよう。

ハイバッククリアーを習得する

ハイバッククリアーを連続写真で学ぶ

バック奥では回り込んでラウンドで打つことが多いが、時間的に回り込む余裕がないときはバックハンドで返球する。このハイバックはハイレベルなショットとなるが、実戦では必要な技術となるので、ぜひ習得しよう。

グリップをうまく動かそう

藤本ホセマリのワンポイントアドバイス

ハイバックではイングリップ（親指を立てる）で握り、腕の回外を使ってラケットを動かすことが重要だ。ハイバックはシャトルを飛ばすのが難しいショットだが、この動きをすることでシャトルを飛ばすことができる。

手首を立てる

Point!
シャトルを打つときは、ネット方向に対して完全に背中を向ける。打つ方向は見えない状態でシャトルをとらえる

Point!
右足を踏み込むタイミングとシャトルを打つタイミングを合わせると、力を入れやすい

ハイバックを習得する

打点の感覚をつかむ
ねらい

Menu 020 手投げノック

難易度	★★★☆☆
時間	5分

得られる効果
- ▶ 技術・感覚
- ▶ シャトルのスピード
- ▶ コントロール
- ▶ 持久力
- ▶ 瞬発力

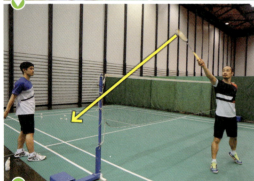

やり方

まずはシャトルの距離感や軌道を確認しやすいネット際で練習する。ネット越しから手投げで投げてもらい、ネットに対して背中を向けてシャトルをとらえる。

なぜ必要?

まずはネット近くで打つ感覚をつかむ

バックに高く上がったシャトルを打つのは難しく、初心者は空振りしてしまう。ネット近くでシャトルに当てる感覚をつかんでから、ネット奥からでも練習しよう。

ポイント

打点の位置でシャトルが飛ぶ高さが変わる

ハイバックをクリアーで返す場合はシャトルを上に飛ばさなくてはいけないので、ネットから離れた位置(背面を向いた顔の横から前)でシャトルをとらえる。この位置でとらえることでシャトルは上に飛ぶ。また、バック奥ではなく、少しネット寄りの位置からハイバックでスマッシュを打つ場合はシャトルを下に飛ばすため、打点はネット寄り(背面を向いた顔の後方)でとらえる。シャトルの当て方をマスターしたら、次はさまざまな打点で打ち、シャトルがどのように飛ぶか確認してみよう。

Q&A

Q ハイバックでシャトルが飛ばないのはなぜ？

A 腕の回外を使うため、体の近くを通るようにラケットを振り上げよう

ハイバックは腕の回外を使ってシャトルを飛ばすことが大切。そのためには腕を大きく振るのではなく、最後に鋭く前腕の回外を使うための動き方をする必要がある。ラケットを振り上げていくときに、体の周りを大きく円を描くように振ると前腕のひねりが開放されてしまうため、できるだけラケットが体の近くを通るように振り上げ、最後に鋭く腕の回外を使えるようにしよう。

OK 体の近くでラケットを振る

シャトルをとらえる直前に鋭い回外でインパクトに力を与えるために、ラケットは体の近くを通るように引きつけてインパクトに向かう。

NG 体から離してラケットを振る

ラケットがすぐに体から離れ、遠回りするようにラケットを振り上げると、鋭い回外が使えず、シャトルは飛びにくい。

リバースカットに挑戦！

実戦では、いかに相手の裏をかいてラリーを優位に進めるかが大切になる。相手の予測を裏切る軌道を描くのがリバースカット。基本のショットをマスターしたら、リバースカットにも挑戦しよう。

 リバースカットの使い方は？

ラケットの振りとシャトルの飛ぶ方向が異なるリバースカットは、バック奥から相手のバック前に落とす、またはフォア奥からクロスに打つと見せかけてストレートに落とすなどの使い方が一般的。

シャトルが飛ぶ方向／ラケットの方向

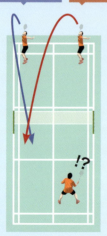

フォア奥からクロスに打つと見せかけてストレートに落とす／ストレートに打つと見せかけてクロスに落とす

 ラケット面とシャトルの接着位置は？

通常のカットとは、シャトルをとらえる位置が逆側になるのがリバースカット。ラケット面とシャトルの位置関係を理解しておきたい。

前から

横から

リバースカットの打ち方とメカニズム

リバースカットの打ち方を
やさしく段階を追ってレッスンしていきましょう。

STEP1
腕の動かし方

リバースカットを打つための予備練習。腕を前に出し、手首を返した状態でワイパーのように動かす。手首だけ動かすのではなく、肩から動かして可動域を広げること。

STEP2
ラケットを持つ

ラケットを持ってSTEP1と同じ動きを行う。グリップはセンターグリップからラケット面を内側に傾けたイングリップ。

STEP3
頭上でラケットを振る

さらにラケットを頭上に持っていき、STEP1と同様の動きを行う。このとき、シャトルをとらえる位置は上の写真のような位置になる。ここでシャトルをとらえるためには、手首だけでラケットを動かすのではなく、肩から動かす必要があることがわかるだろう。

STEP4
シャトルを打つ
イメージで素振り

シャトルはラケットの振りと逆方向に飛ぶ。

リバースカットを習得する
リバースカットを連続写真で学ぶ

ラケットは打つ自分から見て右から左に振るが、シャトルは逆の右方向に飛ぶ感覚をつかもう。非常に難しいショットなので数多く練習していくことが大切。

前から / あえて体を早く開く

横から

ラケットの軌道を確認しよう

ラケットを体の右後ろから左斜め前に向かって振ることで、より相手の裏をかくショットになる。

藤本ホセマリのワンポイントアドバイス

ヒジの使い方は右から左に振ることで相手の逆を突く

ショットのトレーニング

ねらい 肩の回旋を習得する

Menu 021 肩から腕を動かす

難易度 ★☆☆☆☆
時間 3分

得られる効果
- ▶ 技術・感覚
- ▶ シャトルのスピード
- ▶ コントロール
- ▶ 持久力
- ▶ 瞬発力

やり方

写真のように床と平行になるように腕を上げ、肩から手首までをひねる。

なぜ必要？

肩を回旋してショットを打てるように

ショットを打つときに手首だけを使って打つのでは可動域に限界がある。ショットの幅を広げるためにも肩を回旋できるようにトレーニングしよう。

ポイント

肩から力を入れて動かす

腕を動かすときに手首から動かしていくのではなく、手首より先は力を抜き、肩のほうから力を入れていくように動かす。

胸を反る⇔丸める動作を入れる

肩を回旋させるときに、胸を反る、胸を丸めるという動作を加えると、より回旋の可動域が広がる。

ショットのトレーニング

肩とヒジの使い方を習得する

Menu **022** 肩とヒジを動かす

難易度 ★☆☆☆☆
時間 3分

得られる効果
▶ 技術・感覚
▶ シャトルのスピード
▶ コントロール
▶ 持久力
▶ 瞬発力

ヒジを支点とした動き

十分な体勢からクリアーを大きく返す場合などは、この体の動きでシャトルに力を伝える

支点

やり方

写真のように床と平行になるように腕を上げ、肩から手首までをひねる。

❓ なぜ必要？

体の使い方でシャトルをコントロールする

実戦ではシャトルを大きく返す、またコンパクトな振り方で鋭く返すなどシャトルの飛ばし方に変化をつけるが、このとき体の使い方によってラケットの振りを変え、シャトルを自在にコントロールすることができる。

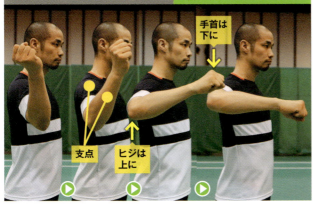

肩およびヒジと手首の間の2点を支点とした動き

ラウンドなど追い込まれた状況ではコンパクトに振らないとうまく返球できないので、この体の使い方をマスターしたい

手首は下に

支点　ヒジは上に

⚠ ポイント

支点を意識する

強く大きくシャトルを飛ばす場合は、肩とヒジを一体にしてヒジを支点に動かす。また、コンパクトに鋭く振る場合は、肩およびヒジと手首の間の2点を支点にして振る。

◀ ドライブなどサイドハンドのショットでも小さく強く返す場合はこの動きを使う

Q&A

Q クリアーやスマッシュを打つとき ヒジが上がらないのはなぜ？

A 胸を張れば、ヒジが出やすくなる

構えを作るときに胸を張ることで、ヒジが高い位置から出やすくなる。ヒジが高く上がれば、シャトルも力強く遠くへ飛ばすことができる。背中が丸まって胸が張れないと、ヒジが高く上がらないまま前方に出てしまう。胸を張ってヒジを上げる動作を覚えるために、まずはラケットを持たずに素振りを行ってみよう。

Point! 胸を張る

ヒジが高く上がる

NG

背中が丸まって胸が張れていない

ヒジが高く上がっていない

シャトルの特性を知る

シャトルの飛び方を覚えて
理にかなったフォームや打点を身につけよう

シャトルはボールではないので、独特の特性があります。シャトルの特性を知れば、理にかなったフォームや打点で打てるため、より上達も早くなります。たとえば、クリアーで上に飛ばしたいと初心者は頭の後ろ側でとらえがちですが、羽根がついているシャトルは頭上の前方でとらえても十分に上に飛ぶのです。体のメカニズム的に体の前でシャトルをとらえたほうが効率的に力を伝えやすいわけですから、クリアーを打つ場合でも頭の後ろでとらえるよりも少し前でとらえたほうがいいでしょう。これと同様なことがネットでもいえます。ネットを越そうと、初心者はシャトルを下から上へと弾こうとしますが、ラケットを前方へ押し出すことでシャトルは斜め上へ飛びます。繰り返して打つことで、このシャトルの飛び方を体で覚えていくことも大切でしょう。

前に振っているが、シャトルは上に飛んでいる

Level UP!

スピンネットをうまく返す

シャトルの特性を理解したところで、さらに難しいスピンネットの返球を考えてみよう。スピンがかかっているシャトルは通常のように真っ直ぐにラケットに当てると弾かれてしまうので、落ちてきたシャトルを下から押し出すことで上に飛ばす。シャトルの側面をとらえ、少し面で切るような動きも加わる。繰り返し練習することで調整を加えていくといい。

コラム 2

ウォーミングアップは基礎打ちだけで十分なのか？

　みなさんが普段ウォーミングアップ時に行う「基礎打ち」というのは、おおよそドライブ→カット（ドロップ）→クリアー→スマッシュ→ヘアピン→プッシュで終わりといった流れが多いと思います。

　このようなアップを見慣れた日本人からすると、バドミントンがさかんな他国のウォーミングアップに衝撃を受けることがあります。

　すべての国のウォームアップ方法を知っているわけではありませんが、私が現役時代に海外遠征などで見てきた中で、このような流れでシャトルを打っているのは日本だけだったと思います。

　たとえば、インドネシア、マレーシアではシャトルを打ち始めるときに軽くドライブを打って、いきなり半面シングルスやチャリチャリ（半面のダブルスサービスエリアのみで行うシングルスゲーム）を行ったりします。先日も私が教える中央大学にマレーシアの選手が来て練習試合を行いましたが、このときはウォームアップで3対3での打ち合いを始めました。

　「基礎打ち」を否定するわけではないですが、実際の試合では動きながら打たなければいけない、また基礎打ちに出てこないショットが多いことを考えると、「基礎打ちがうまい＝強い選手」とはいえません。

　私としては「基礎打ち＋動きながら打つフリー練習」をウォームアップとして取り入れるほうがより実戦的なのではないかと思います。手始めに基礎打ちをしたあと、少しでもよいのでチャリチャリでも取り入れてみてはどうでしょうか。

第3章
ノック

ノックにはいくつか種類があります。1つのショットをしっかりマスターする基礎ノック、動く順番を決めたパターンノック、速いスピードについていくスピードノックなどです。ノッカーの技術も練習者にとってはとても重要になります。ここでは基礎ノックを中心に紹介します。一つひとつのショットのポイントを確認しながらマスターしてください。

動きの中で技術的なポイントを確認する

動きながらヘアピンを打つ

難易度 ★★★☆☆
時間 30秒×4セット

Menu **023** ヘアピンノック

センターグリップ	F・B
イングリップ	F・B
アウトグリップ	F・B

得られる効果
▶ 技術・感覚
▶ シャトルのスピード
▶ コントロール
▶ 持久力
▶ 瞬発力

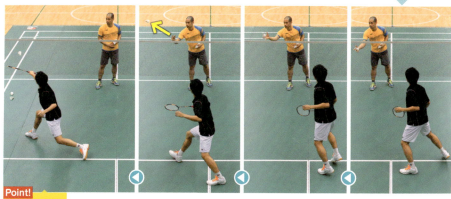

Point!
フォアハンドもバックハンドもとらえる高さによって適したグリップは変わるので、いろいろ試してみよう

やり方
ノッカーは手投げでフォアサイドとバックサイド交互にシャトルを出し、選手はヘアピンを打つ。コート中央からスタートし、ショットを打つときに、しっかり打点まで足を運ぶ。

? なぜ必要?

体を打点の下に入れて打つ
どのショットを打つにも体をしっかり打点の下に入れて打つことが重要になる。シャトルとの距離感を常に一定にしておかないと打球は安定しない。

ポイント　ラケット面の角度はシャトルに対して90度くらい

シャトルとラケット面が当たる角度にも気をつけよう。ラケット面が開きすぎているとシャトルは滑って前方に飛ばないので、シャトルに対して90度くらいの角度でラケットを出していく。

フォア

バック

ラケット面を上に向けすぎるとシャトルは面上で滑ってしまう

シャトルが前方に飛ばない

ポイント
手首は返さない

シャトルは手首でコントロールするのではなく、腕全体でコントロールする。そのためにも体をうまくシャトルの下に入れることが必要だ。

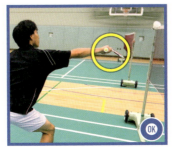
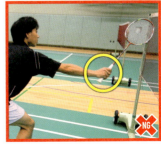

動きの中で技術的なポイントを確認する

難易度 ★★★★☆
時間 30秒×4セット

動きながらカットを打つ

Menu **024** カットノック

センターグリップ
イングリップ
アウトグリップ

得られる効果
▶ 技術・感覚
▶ シャトルのスピード
▶ コントロール
▶ 持久力
▶ 瞬発力

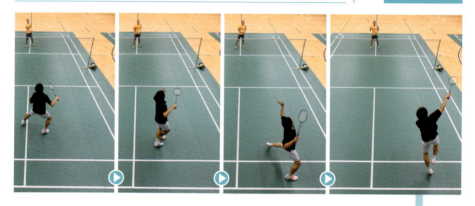

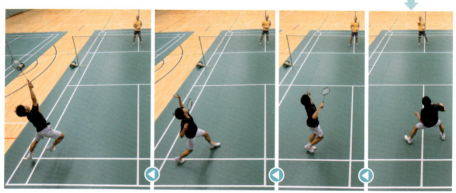

やり方

ノッカーはフォア奥とバック奥の交互にシャトルを上げ、選手はカットを打つ。コート中央からスタートし、フットワークを使ってシャトルの下に入って打つこと。クリアーやスマッシュなども同様のノックで行うことができる。

なぜ必要？

正確なポイントでシャトルをとらえる

オーバーヘッドのショットを打つときには、シャトルの下への入り方が重要。なんとなく動いて打つのではなく、毎回正確なポイントでシャトルをとらえるように意識する。特にカットは力で打つのではなく、コントロールショットなので打点が重要。数多く練習したい。

⚠ ポイント 一定の打点でとらえるようにシャトルの下に入る

ラケットを持たない<mark>左手でシャトルとの距離感を測り</mark>ながら、シャトルの下に入る。シャトルをとらえる位置が前すぎたり、後ろすぎたりするとミスになるが、毎回同じラケットの振りができればミスを防ぐことができる。

フォア奥

バック奥

左手でシャトルとの距離感を測る

❌ ここに注意！

打点が変わるとラケットの振りが変わり、ミスの原因に

シャトルの下に入れていないため、シャトルをとらえる位置が後ろになり、スイングも窮屈に。

動きの中で技術的なポイントを確認する

動きながらドライブを打つ

Menu 025 ドライブノック

センターグリップ	F・B
イングリップ	F
アウトグリップ	B

難易度 ★★★☆☆
時間 30秒×4セット

得られる効果
▶ 技術・感覚
▶ シャトルのスピード
▶ コントロール
▶ 瞬発力

やり方

ノッカーはフォアサイド、バックサイドと交互にシャトルを出し、選手はドライブを打つ。センターで一度ニュートラルな構えを作り、左右どちらにでも反応できるようにする。

なぜ必要?

動きの中で素早く準備する

ドライブの打ち合いでは速くシャトルが返ってくるため、準備を早くしなくてはいけない。動きの中で、早く準備を行うことを身につけていこう。ノッカーはレベルに合わせてスピードを調節する。

ポイント 素早く足を使って最適な打点に入る

速い球に対して正しいフォームで返球するためには、素早い準備が必要。素早くスタンスを左右に開いて構えを作り、打ち終わったあともすぐに次の球への準備をする。素早く足を使って最適な打点に入ることができれば、フォームを崩すことなく、次のスムーズな準備にもつながる。

フォア / バック
左右に開くスタンスをとる
すぐに次の準備をする

❌ ここに注意！

正しい打点に入れない

正しい打点に入れないことで姿勢バランスが崩れ、次の準備も遅くなってしまう。

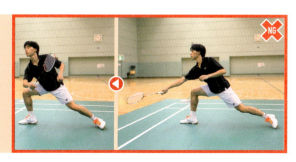

スピードを上げて練習する

攻撃的な位置でプレーする

Menu **026** スマッシュ&ネット半面

センターグリップ
イングリップ
アウトグリップ

難易度 ★★★★
時間 30秒×4セット

得られる効果
▶ 技術・感覚
▶ シャトルのスピード
▶ コントロール
▶ 持久力
▶ 瞬発力

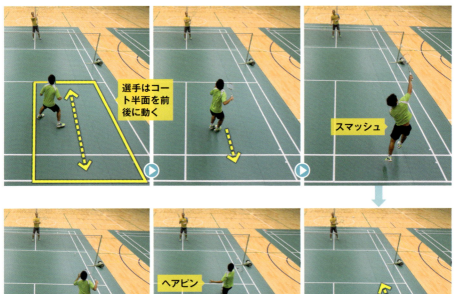

選手はコート半面を前後に動く

スマッシュ

ヘアピン

やり方

ノッカーはコート奥とネット前に交互にシャトルを出し、選手はコート奥へ上がった球はスマッシュ、ネット前の球はヘアピンで返す。選手は前後に動いてショットを打つ。

 なぜ必要？

打つまでのスピードを上げて動く

できるだけ自分の有利な体勢で打てるようにするためには、打つまでのスピードを上げて動くことが必要になる。また、スピードアップした中でも技術的なポイントを意識して行う。ノッカーは選手のレベルに合わせてノックのスピードを調整する。

🔔 ポイント 打ったあとの動きをスピードアップ

ショットを打ったあとの動きをスピードアップすることで、次のショットに十分な体勢で入ることができる。スマッシュを打ったあとに前方へのフットワークをスピードアップすれば、シャトルをより高い位置でとらえることが可能で、自分は有利になり、相手にプレッシャーをかけることができる。また、ヘアピンを打ったあとに後ろへ下がるスピードを上げることで、上がった球に対して前方へジャンプできるため、攻撃的なスマッシュを打つことが可能だ。

打ったあとの動きを素早く！

 Extra
逆サイドも行う

一方のサイドで練習したら、必ずもう一方のサイドでも行うこと。フォアサイドではフォア奥でのスマッシュ＆フォアハンドでのヘアピンの練習となり、バックサイドではラウンドでのスマッシュ＆バックハンドのヘアピンの練習となる。どちらのサイドでもスピードアップが大切だ。

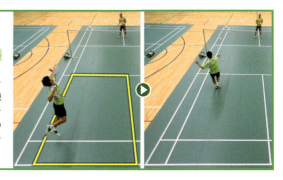

スピードを上げて練習する

ねらい スピード&体力の向上

Menu **027** スマッシュ&ネット全面

センターグリップ
イングリップ
アウトグリップ

難易度 ★★★★★
時間 30秒×4セット

得られる効果
▶ 技術・感覚
▶ シャトルのスピード
▶ コントロール
▶ 持久力
▶ 瞬発力

① フォア奥でスマッシュ
② フォア前でヘアピン
③ バック奥でスマッシュ
④ バック前でヘアピン

やり方

ノッカーは①フォア奥②フォア前③バック奥④バック前の順にノックを出し、選手は①スマッシュ②フォアハンドのヘアピン③ラウンドでスマッシュ④バックハンドのヘアピンで返す。これを続けて行う。

 なぜ必要?

疲れた中でもポイントを意識する

スマッシュ&ネット半面よりもさらに動く範囲が広くなり、体力が必要になる。実戦ではスピードアップした中でもミスせずにプレーし続けることが要求されるので、疲れた中でも各ショットのポイントを意識しながら行おう。

ポイント 重心を崩して、素早く斜め後ろへ

全面の練習ではコートを斜めに動くフットワークが入ってくる。後ろに下がる際には、重心を移動する方向に崩して動くこと。また、後ろに下がるフットワークといっても後ろを振り返らずに動かなくてはいけないので、繰り返し練習してコートの広さに関する感覚をつかんでおこう。

Point!
移動する方向に重心を崩す

スピードを上げて練習する
ネット前で次の準備を早くする

ねらい

Menu **028** ネット前プッシュ

センターグリップ	F・B
イングリップ	F
アウトグリップ	B

難易度 ★★★★
時間 30秒×4セット

得られる効果
- ▶ 技術・感覚
- ▶ シャトルのスピード
- ▶ コントロール
- ▶ 持久力
- ▶ 瞬発力

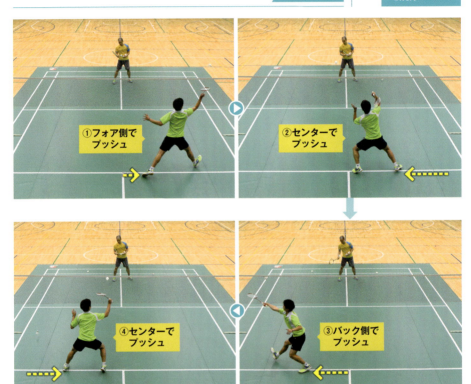

①フォア側でプッシュ　②センターでプッシュ　④センターでプッシュ　③バック側でプッシュ

やり方

ノッカーは①フォアサイド②センター③バックサイド④センター⑤フォアサイド⑥センター⑦バックサイド……とシャトルを出し、選手はそれをネット前でプッシュ。動きながら連続で打てるようになったら、次にノックのコースをフリーにして行う。

なぜ必要？

早い準備に慣れる

プッシュでは打ったあとにすぐ球が返ってくることを想定するので、早い準備に慣れるようにしよう。

プッシュのフォーム&技術的ポイント
参照ページ P048

ポイント 振り戻しを早くすることが、次への素早い準備に

スピードのある球出しに反応するためには、プッシュを打ったあとの素早い振り戻しを意識すること。

大きな動きは必要ないので、スイングはコンパクトにしてすぐに次の打球に構える。

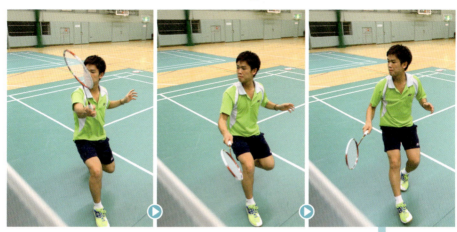

❌ ここに注意!

跳びついて打つと、次の準備は遅れる

やむを得ない場合は跳びついて打つしかないが、その場合は打てるコースも限られてしまう。できるだけ足を運んで余裕を持った体勢を作ると、打点が下がってもいろいろなコースに打てて、次の準備もスムーズだ。

コラム3 バドミントンの技術は進歩している

　さまざまな年代の一般プレーヤーを指導するかたわら、現在、2020年東京オリンピックに向けての強化年代の指導に携わっています。この現場では、国内トップ選手のプレーに触れ、また海外選手のプレーを見る機会に恵まれ、私自身、非常に勉強になっています。

　というのも、私が現役で日本代表としてプレーしていた15年ほど前とはバドミントンの技術自体が変わり、どんどん進化しているという実感があるからです。

　私が日本代表としてプレーしていたころは、多少技術が劣っても粘りや体力、パワーで押し切れる部分もありました。そのころとはルールが変わり、ラケットの性能が向上したという変化もありますが、なにより日本選手たちの技術的な部分が飛躍的に進歩しているという変化を感じます。

　小、中、高のジュニア時代から国際大会に多く出場し、海外の高いレベルの選手のプレーを間近に見たり、実際に対戦したりする効果が大きいのではないでしょうか。

「どうやって打っているんだろう？」

「どうしたらあんなふうに打てるのか？」

　うまい選手のプレーを見れば、自然にマネをしてみようという考えも生まれるものです。そんなふうに新たな技術を追求することがレベルアップに役立ちます。現在は、パソコンやスマートフォンでトップ選手の動画などを見ることもできる時代。みなさんも、うまい選手のプレーを積極的に見て、技術向上に役立ててください。

第4章
シングルス

シングルスは正確なコントロール力とコートを動き回れる速さ、そしてスタミナがモノをいいます。バドミントンの基本がゲームの中にすべて入っているといっていいでしょう。そして、いかに相手を動かすか、相手の裏をかくか、正確なショットが打てるかがポイントとなります。シングルスの力がつけばダブルスの力も向上しますが、コートを1人で守るため運動量も多くなります。

シングルスの試合をする

ショットをひとしきりマスターしたら、試合をする機会も多くなる。バドミントンの試合にはシングルスとダブルスがあり、使うコートの広さだけでなく、それぞれ特徴が違う。必要な力、戦術を学んで、楽しくレベルアップしよう。

シングルスの特徴

» 速いラリーよりもフットワークを使うことを考える

1対1で対戦するシングルスでは、必然的に守る範囲が広いため足を使うことが重要になる。コートを広く使うため、速いラリーよりもフットワークを使うことを考える。相手をたくさん動かすことを考えながら、同時に自分もたくさん動かなくてはいけない。

Extra

大事なショットは？

主に使うショットはクリアー、カット、スマッシュ、ヘアピン。特に、クリアーとカット、ヘアピンはコースを突けるようなコントロール力を身につけたい。また、相手のフットワークのタイミングを外すショットが打てるとよい。

シングルスの戦術

≫ コートの四隅を突き、相手を動かす

お互いに手の内がわからないような状況でシングルスを行う場合には、まずはコートの四隅にしっかりシャトルを打つことが大切だ。1球目からミスをしてしまうと、相手の特性も探れないので、まずはできるだけラリーを続けることも重要だ。そのようにお互いがショットを打ち合う中から、相手の弱い部分を見つけるようにしよう。

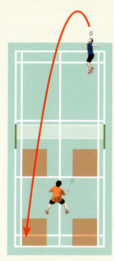
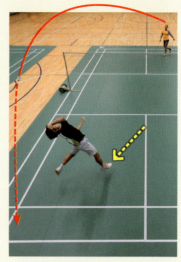

≫ 相手の弱点を攻める

相手の弱い部分を見つけたら、そこを攻めるようにしていこう。弱点とはショットに限らない。シングルスの場合は、動きが重要になってくるので、相手の苦手な動きを見つけるのも効果的。たとえば基本的な四隅を突く戦術として、対角線に打つ。対角線に動かして相手を疲れさせるのもいい。相手が動きの速いプレーヤーだったら、対角線に打つと見せかけて、もう一度同じエリアに打つという戦術も効果的だ。実は対角線に走らせるよりも、相手を一度センターに戻らせて動きを止めて、もう一度同じところに動かすほうが、相手の体力を消耗させることができる。一度足を止めたところで再び元の場所に戻る動きは体力を使うからだ。このように、足を使わせる、足を止めるという配球がシングルスの主な戦術になる。

≫ 1ゲームで相手の弱点を見極める

できるだけ早い段階で相手の弱点を見極めるにこしたことはないが、1ゲームくらいで見極められるといいだろう。実力が均衡している場合などは、1ゲーム目の前半で様子を見ながらラリーをして、最後はスピードを上げたり、相手の弱点を突いたりして点数を重ねるという試合運びが理想だ。そのためにもゲーム練習などを取り入れて、試合に慣れてほしい。

≫ 後半に手の内を残しておく

点数がほしいときの秘策として、今まで使っていなかったショットを後半に使うようにすることも有効だ。打つコースやフェイントなども含め、手の内を最初から全部出さずに、後半に得意な展開を残しておくことも効果的なゲーム運びの一つとなる。

シングルスのサービスまわり

試合の最初に行うのが、サービスとサービスレシーブ。本書では、ここまでサービスとサービスレシーブについては詳しく触れなかったが、試合を行う前に、両ショットについて、またサーバーとレシーバーが気をつけることについて学んでおこう。

バックハンドサービスの構え
ショートサービスを打つときは、バックハンドで打つのが主流

フォアハンドサービスの構え
ロングサービスを打つときは、フォアハンドで打つほうが打ちやすい

 サービス

≫ バックハンドのショートサービスが主流

以前は、ロングサービスラインまで高く大きくシャトルを飛ばすロングサービスが主流だったが、現在はショートサービスが主流だ。ラリーポイント制になってからの流れだが、みなさんにもまずはバックハンドのショートサービスをマスターしてほしい。オーバーヘッドで打つスマッシュが強力な男子の試合では、相手にスマッシュを打たせないためという理由もあり、ほとんどの選手がショートサービスを使っている。

≫ 女子シングルスではロングサービスも

ただし、女子シングルスにおいてはロングサービスを使う選手も多い。ロングサービスに関しては、フォアのほうが遠くまで飛ばせるので、フォアで打つ選手が多い。フォアのロングサービスは、ノックを出すときなどにも使えるショットなので、打てるように練習しておくと役立つだろう。

≫ ショートサービスはバックハンドで

ショートサービスは、軌道が安定しやすいバックハンドで打つのがおすすめだ。ネットぎりぎりに浮かせないように打つのは、最初は難しく感じるだろうが、チーム練習前の空き時間などを利用して繰り返し練習しよう。

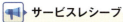 サービスレシーブ

≫ ネット前に落とすかロビングを上げるか 相手や状況によって選択

シングルスでのサービスレシーブでは、相手のショートサービス、ロングサービスのどちらにも対応できるように<mark>サービスエリアの中央くらいに構える</mark>。スマッシュが速い相手に対しては簡単にロビングを上げないようにしたいが、相手のスマッシュがそれほど強力でなければ、ロビングで後ろに追い込んで、打たせてもいい。基本的な返球としては、ネット前に落とすかロビングを上げるという選択になる。

基本はサービスエリアの中央に構える

≫ サービスレシーブのコースは四隅

シングルスのサービスレシーブのコースは、やはり四隅に打つのが基本。ここから、ラリーを組み立てていこう。

 Extra

タイミングを変えて打てるように

心がけたいのは、構えた流れですぐにシャトルを打たないこと。サービスの構えから打つまで一連の同じ流れでサービスを打つ人が多いが、そうするとリズムが読まれやすく、とくにダブルスではプッシュされやすくなる。<mark>一度ラケットをセットしたら、動きを止めて毎回違うタイミングで打ちだす</mark>ようにしよう。

Point! 一度動きを止める

Point! ラケット面の角度を固定してシャトルを押し出す

ラリー力を鍛える

ねらい コート奥から攻める

Menu 029 2対1 クリアー／カット

センターグリップ / イングリップ / アウトグリップ

難易度 ★★★★☆
時間 3分

得られる効果
▶ 技術・感覚
▶ シャトルのスピード
▶ コントロール
▶ 持久力
▶ 瞬発力

やり方
相手 B C はすべてコート奥に返球し、練習者 A はクリアーまたはカットで対応する。

 なぜ必要？

コート奥から打つショットを磨く

シングルスにおいては、特にクリアーやカットといったコート奥から打つショットを使う比重が大きい。そのため、クリアーやカットのラリー力を鍛えたい。

ポイント できるだけ攻撃的なショットを打ち、展開を有利にする

クリアーやカットで攻めるためには、シャトルの下に素早く入って攻撃的なショットを打てるようにすること。クリアーは少し低い軌道で打つと攻撃的なショットになる。また2対1で1が有利にラリーを展開するためには、<mark>クリアーを打つかカットを打つか読まれないように裏をかく</mark>ことも効果的だ。

Point!
シャトルの下に素早く入ることで、十分な準備ができる

 Extra

シャトルの下に入れていないと…

シャトルの下に入れずに返球すると、体勢が十分でないため攻撃的なショットが打てないうえに<mark>返球コースが限られるため、相手にコースを読まれやすい</mark>。しっかり足を動かしてシャトルの下に入ろう。

ラリー力を鍛える

粘りながらも攻撃チャンスを待つ

ねらい

難易度 ★★★★★
時間 3分×左右各1セット

得られる効果
▶ 技術・感覚
▶ シャトルのスピード
▶ コントロール
▶ 持久力
▶ 瞬発力

Menu **030** オールショート

センターグリップ
イングリップ
アウトグリップ

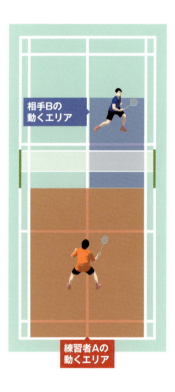

相手Bの動くエリア

練習者Aの動くエリア

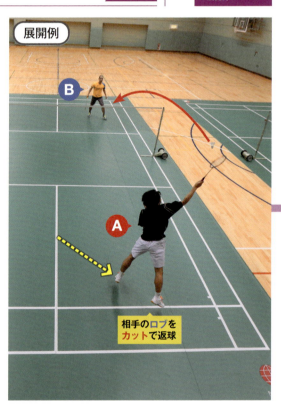

展開例

相手のロブをカットで返球

やり方

1対1で、練習者Aはすべてネット前に返すオールショート。返球範囲としては半面のうち、ショートサービスラインとバックラインの間より前に設定する。チャンスがあればスマッシュを打って決める。相手Bは全面に返球して相手を動かす。

❓ なぜ必要?

追い込まれてもネット前にコントロール

シングルスの場合、奥に追い込まれたり、フェイントをかけられたりする場面は多い。そんな場合でも丁寧にネット前に返せる技術を身につけよう。感覚要素が大きいのでたくさん練習してラリーをできるようにしよう。

ポイント　空間を意識したショットを使って戻る時間を作る

追い込まれた場面から速いドライブで返球すると相手にコースを読まれた場合、すぐに打ち返されて自分も素早く戻ることになり体力を消耗する。自分のコート側で少し山なりになるような軌道にし、ネットをギリギリで越えていくようなショットであれば簡単にはプッシュされないし、自分がコートの中央に戻る時間も作れる。しかし追い込まれた場面からこの軌道を打つのは難しいので、日ごろから練習しておくことが大切だ。また長いラリーで疲れてくると力が徐々に入らなくなる。そんな場面でもコントロールできるように練習を重ねよう。

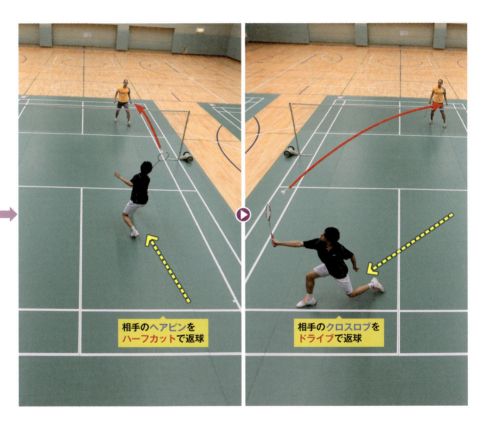

相手のヘアピンをハーフカットで返球

相手のクロスロブをドライブで返球

Extra
逆サイドも行う

相手がサイドをかえて、同様にオールショートで行う。狙うコースなども変わってくるので、必ず両サイドで行うこと。

ラリー力を鍛える

ねらい 粘り強くつなぐ

Menu **031** オールロング

センターグリップ
イングリップ
アウトグリップ

難易度 ★★★★★
時間 3分×左右各1セット

得られる効果
▶ 技術・感覚
▶ シャトルのスピード
▶ コントロール
▶ 持久力
▶ 瞬発力

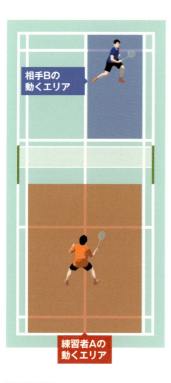

相手Bの動くエリア

練習者Aの動くエリア

展開例

B

A

相手のロブをクリアーで返球

やり方

1対1で、練習者Aがすべてコート奥に返すオールロング。返球範囲としては半面のうち、ショートサービスラインとバックバウンダリーラインの間に設定する。相手Bは全面に返球して相手を動かし、機を見てスマッシュも打つ。練習者Aのスマッシュレシーブは、ショートサービスライン付近への返球でもOKとする。

なぜ必要？

我慢強くラリーを続ける

シングルスでは、とにかくラリーをつなげる力が必要になる。相手のスマッシュに対してはドライブの返球でもOK。Menu030のオールショートよりも技術的には神経を使うところは少なくなるが、我慢強くラリーを続けよう。

ポイント　タイミングを外すショットに惑わされないように守る

守備範囲が広いうえに、相手からクリアーもスマッシュも打たれるという条件だと、タイミングを外されると苦しい展開になる。相手はタイミングを外そうとネット前も含めさまざまなショットを打ってくるため、相手のフォームや打点を見極め、スムーズに動くようにする。相手の打つのに合わせてスタンスを左右に開いてステップを踏むとレシーブの反応が早くなる。

スタンスを左右に開く

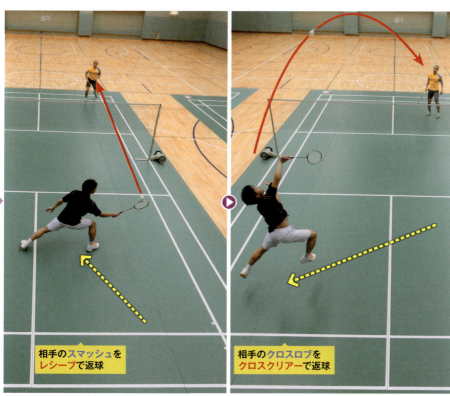

相手のスマッシュをレシーブで返球

相手のクロスロブをクロスクリアーで返球

Extra
逆サイドも行う

一定の時間で行ったあと、相手側はサイドを交代して逆サイドでも同様に行う。

ラリー力を鍛える

守備力の向上

Menu **032** 2対1 攻撃と守り

センターグリップ
イングリップ
アウトグリップ

難易度 ★★★★★
時間 3分×2セット

得られる効果
▶ 技術・感覚
▶ シャトルのスピード
▶ コントロール
▶ 持久力
▶ 瞬発力

相手BCの動くエリア

練習者Aの動くエリア

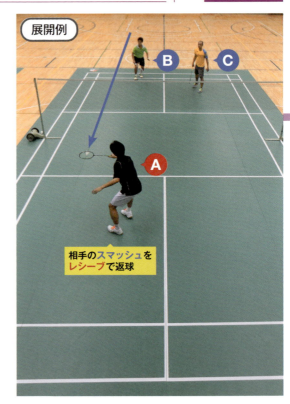

展開例

B C

A

相手のスマッシュをレシーブで返球

やり方

2対1で、攻撃側のBCはカットやスマッシュ、ドリブンクリアーなどで攻撃する。守備側の練習者Aはレシーブやヘアピン、ときどきクリアーなどでつなぐ。Aの守備範囲は全面。ただし、レベルによっては半面の1対1で行ってもいい。

なぜ必要?

2人の攻撃に耐え続ける

シングルスでは攻撃だけでなく、守備も重要。Menu031のオールロングよりも、相手が2人のぶん、さらに相手の攻撃力が大きくなるので、2対1で十分にしのげるようになれば、実戦でも自信を持ってプレーすることができる。

相手の**ドリブンクリアー**を
クリアーで返球

相手の**クロスカット**を
ヘアピンで返球

ポイント

ストレートを警戒して立ち位置を工夫する

これまでのパターン練習の中でももっともスピードが要求される。ただし、やみくもに動けばいいということではなく、自分の配球によって効率よく動くことも可能。カギとなるのは、相手の<u>ストレートスマッシュを警戒すること</u>。そのストレートに対しては、<u>打つプレーヤーのサイドに少し寄って構えておくとレシーブしやすい</u>。

Point!
フォアサイドの相手プレーヤーが打つとき、ストレートをケアしてバックサイドに寄る

Point!
バックサイドの相手プレーヤーが打つとき、ストレートをケアしてフォアサイドに寄る

コラム 4

大事な試合で緊張をやわらげる方法

　試合では誰でも緊張するものです。経験を重ねていく中で、うまく適度な緊張に変えていく自分なりの方法を見つけるといいでしょう。

　現役時代の私は、試合前に緊張しやすいタイプでしたが、それを逆手にとって緊張をやわらげる方法を見つけました。大会のドローは1カ月くらい前に発表されるのですが、そうすると初戦の相手はすでにわかっています。

「この人と試合するんだ」
「どんな試合になるんだろう」

　対戦表を見ながら試合を想像することで、自分を緊張させ、それがしばらく続くとその緊張にも慣れてくるので、慣れたころに試合を迎えるようにしていました。

　このような自分の緊張の波を自覚してからは、できるだけ早い段階で試合をイメージし、自ら先に緊張した状態を作るように心がけました。

　もちろん、そのイメージでは、自分が勝ってガッツポーズをするところを思い浮かべます。これが鮮明にイメージできるときは、試合に勝つことができました。逆に、最後に勝つというイメージをうまく思い描くことができないときは、やはり勝つことはできませんでした。

　人それぞれのやり方があると思うのですが、自分が試合で緊張しすぎない方法を見つけることは大事なことです。

第5章
ダブルス

2人でコートを守るため動く範囲は狭くなりますが、そのぶんラリー展開が速くなります。動くスピードはもちろん連続して攻撃する力や反射神経、相手の打つコースを読む力がポイントとなります。速い展開が好きなプレーヤーはダブルス向きともいえます。パートナーとコミュニケーションしながらレベルアップを目指しましょう。

ダブルスの試合をする

コート1面で4人がプレーできることから、一般プレーヤーはシングルスよりもダブルスをプレーする機会が多い。ダブルスをメインにプレーするプレーヤーもいるだろう。ダブルスに必要な力、戦術を知ることで、より攻撃的にプレーすることができる。

 ダブルスの特徴

≫ **速いラリー展開に対応できる反応力が求められる**

2対2で対戦するダブルスでは、必然的に動く範囲は狭くなるが、ラリーが速くなるので、いかに反応して連続攻撃できるかがポイントとなる。

 Extra

大事なショットは？

主に使うショットはドライブ、スマッシュ、プッシュ、スマッシュレシーブ。また、レベルが上がるとショートドライブやハーフドライブも多用し、女子ダブルスではクリアーも大事になる。

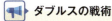 ダブルスの戦術

>> 連続攻撃で相手の苦手部分を突く

コートの四隅に打っても相手は簡単に返球することができ、逆に相手にチャンスを与えてしまうことにもなりかねない。一発で打って決めるショットを打つよりも、ショットを素早く連続して打って、相手の苦手なところを攻めていくことがダブルスの攻撃のカギとなる。

>> 攻めどころは2人の間やボディなど

相手の苦手なところを攻めていくのが基本になるが、シングルスより狙いどころが小さくなるダブルスで狙うべきは、まずは2人の間。どちらのプレーヤーがレシーブするか微妙なエリアを狙って打つのが基本となる。また、ボディも有効。体の近くは素早く反応しにくく、特に体に近いフォアサイドは体を逃がして打たなくてはいけないので、ここは狙いどころのひとつ。連続して打つ中で、相手の苦手なポイントを探るといいだろう。

Point! 相手の苦手なところをピンポイントで狙う

Point! どちらが打つか迷わせるために2人の間を狙う

Point! 素早く反応しにくいボディを狙う

>> ショットの組み立てで穴を作る

シングルスのような大きなエリアで逆を突くことはできなくても、意識の中で裏を突くことは可能だ。たとえば、スマッシュやプッシュで攻めているときに足元に何球か打って、腰より下に意識を集めておき、不意に肩口を攻める。相手は不意を突かれると反応が遅くなり、甘い返球をする確率が高い。いずれにせよ、一発で決めようとするのではなく、連続攻撃で相手を攻めていくことが大切だ。

ダブルスのフォーメーション

ダブルスはラリーの展開によって、フォーメーションを変えて対応する。基本のフォーメーションを学んで、臨機応変にプレーしたい。

攻撃的フォーメーション

≫ トップ＆バック

有利な展開で攻撃している状況では、フォーメーションは「トップ＆バック」。前衛と後衛で前後にポジションをとり、スマッシュやプッシュなどで攻める。前衛の動きに合わせて後衛が動くので、前衛はポジショニングで意思表示することが大切。たとえば右の写真のケースでは、前衛がストレートを張っているので、クロス奥に来たショットは後衛がカバーする。

守備的フォーメーション

≫ サイドbyサイド

相手からの攻撃をしのぐ守備的な状況では、フォーメーションは「サイドbyサイド」。相手のスマッシュやプッシュなどをスマッシュレシーブやロビングで返球するときなどは、パートナーと横に並び、コートを守る。コート上の2人の位置は、基本的にはスマッシュを打つ相手を頂点にして二等辺三角形を作るようにポジショニングする。

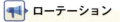ローテーション

》状況によってローテーションする

1ポイントの中でも、ラリーの展開や相手からのショットによって、攻撃と守備が入れ替わる。そのため、状況によって「トップ&バック」「サイドbyサイド」とフォーメーションを変えながらプレーすることが必要になってくる。互いのポジションを変化させることをローテーションという。その中でも、できるだけ「トップ&バック」に持ち込めるように、ラリーを組み立てることが大切だ。右利きの選手同士で組んだ場合は、フォアハンドで攻めやすいことから基本的には左回り（反時計回り）で回ると攻撃しやすいが、上級者はどちらからも攻められるといいだろう。

 左回り（反時計回り）

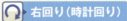 右回り（時計回り）

ダブルスのサービスまわり

サービスまわりも、ダブルスはシングルスと違うポイントが多い。ダブルスのプレーの特徴を考えて、効果的なサービス、サービスレシーブを打ちたい。

📣 サービス

≫ 浮かないように打つ

より展開の速いダブルスでは、シングルスよりもサービスの成否の比重が大きい。相手に攻撃されないようにするために、基本はショートサービスを打つ。できるだけ、浮かさないように打つことが大切だ。明らかに相手がショートサービスしか警戒していないときには、裏を突いてドリブンサービス（軌道が低く、速いロングサービス）を使うと効果的な場面もある。

≫ センターが基本

狙うコースは、基本はセンター。サイドはストレートプッシュされた場合、パートナーの返球が難しくなるのでそのリスクを考えて打つ必要があるが、タイミングをうまく外せばプッシュされにくいコースでもある。センターを基本コースとして、少しタイミングを外したり、コースに変化をつけるなどして相手に慣れさせないようなサービスを練習しよう。

📣 サーバーのパートナーの役割

≫ 後方と両サイドをケア

サーバーの少し後ろで、コート後方と両サイドを守る。3打目のショット次第で攻撃的なトップ＆バックを作りやすいがロビングを上げてしまうとサイドbyサイドになり攻め込まれやすくなる。ダブルスにおいては重要なポイントなので相手がハーフやプッシュを打ってきても簡単にロビングをしない練習をしよう。

レシーブ

≫ プッシュで叩くかネット前に落とす

サービスは守備的なショットだからといって、サービスレシーブで無理に攻撃する必要はない。速い球を打てば、相手からも速く返ってくる確率が高まるわけで、必ずしも速い球を打てばいいということではない。プッシュで叩きたくなりがちだが、ネット前に落としたほうが効果的なこともある。相手や状況によって、叩くかネット前に落とすかのどちらかを使い分けるようにしよう。男子ダブルスではロビングで上げると、相手に簡単に攻撃チャンスを与えてしまうことになる。よほど難しいサービスが来たらロビングでしのぐが、それ以外は上げないようにプレーしたい。

プッシュで叩く

Point! 相手の構えから返球を予測し素早く準備しよう

ネット前に落とす

Point! 相手にネット前に落とされないようプレッシャーをかけよう

 レシーバーのパートナー

≫ 3打目を処理しやすいポジションをとる

パートナーの逆サイドを守り、相手ペアが打った3打目を処理しやすいポジションに立つ。サイドbyサイド、トップ&バックどちらにも対応できるように準備しておく。どのプレーヤーもゲーム練習などで、パートナーとよりスムーズにローテーションできるような練習を行うことがダブルスのレベルアップには欠かせない。

ラリー力を鍛える
レシーブから攻撃に転じる形を作る（ねらい）

Menu 033 3対2 攻撃と守り

センターグリップ / イングリップ / アウトグリップ

難易度 ★★★★☆
時間 5分×2セット

得られる効果
- ▶ 技術・感覚
- ▶ シャトルのスピード
- ▶ コントロール
- ▶ 持久力
- ▶ 瞬発力

攻撃3人はローテーションをせずにポジションを固定

前衛はラリーを続けることを意識する

練習者AB

展開例

相手のスマッシュをレシーブで返球

やり方

3対2でラリーを行う。攻撃3人はローテーションをせずにポジションを固定して、全力で攻撃する。また前衛に入った選手は甘い球に対しては決めにいくが、できるだけボディなどをねらったり、前に落とすなどラリーを続けることを意識する。サイドを交代して同様に行う。

なぜ必要?

速い展開に慣れる

ダブルスでは速い展開になるので、そのスピードに慣れることが大切。3人の攻撃に対して一方的に守りに入るのではなくて、スピードアップして攻撃的にプレーできれば実戦に役立つ。

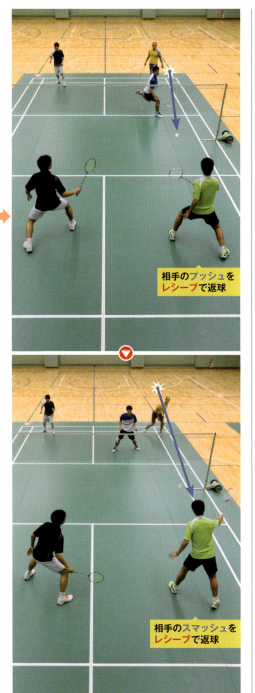

相手のプッシュをレシーブで返球

相手のスマッシュをレシーブで返球

ポイント
レシーブからいかに攻める形に持っていくか

レシーブでもあまり後ろに下がって返球するのではなく、いかに攻める形に持っていくかを考える。前衛につかまるようなコースに返球すると攻める形に持っていきにくいため、できるだけ前で処理して、ドライブなどで前衛がいないところに落とすことが大切。また、ときには前衛にわざとぶつけて、カウンターを狙うなど自由に展開を考えていく。

早くシャトルに触れることで攻撃に転じやすい

後ろに下がって守ると、攻撃に転じにくい

ラリー力を鍛える
ローテーションしながらラリーを展開

ねらい

Menu 034 2対2 オールショート

センターグリップ / イングリップ / アウトグリップ

難易度	★★★★★
時間	3分×2セット

得られる効果
- ▶ 技術・感覚
- ▶ シャトルのスピード
- ▶ コントロール
- ▶ 持久力
- ▶ 瞬発力

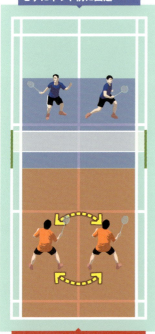

相手CDはローテーションをせずにネット前に固定

練習者ABはローテーションをしながらネット前に返球する

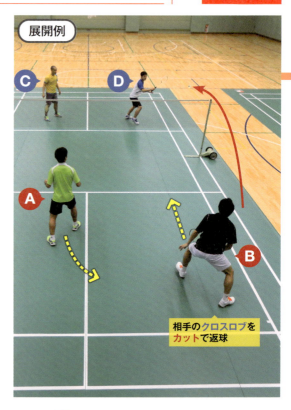

展開例

相手のクロスロブをカットで返球

やり方

相手**CD**はネット前に固定し、ラリー中のローテーションもしない。練習者**AB**はオールショートでラリーを行う。**AB**はチャンスがあればスマッシュを打ってもいい。**CD**は、前に落としたり、ネット前からシャトルを跳ね上げたりするなど**AB**を動かし、**AB**はローテーションをしながら対応し、攻撃的にプレーする。**CD**は、続けて同じところに上げないように意識する。

❓ なぜ必要？

攻撃的に展開する

ダブルスでは動かされた中でも、できるだけ球を高いところでとらえ、攻撃的に展開する必要がある。

相手のヘアピンを
ヘアピンで返球

相手のロブを
カットで返球

ポイント

速く動いて、できるだけ高い位置でシャトルをとらえる

打点が低いと、シャトルを上げざるを得なくなってしまい、相手に主導権を握られてしまう。速く動いて、できるだけ打点を高くすることが大切だ。

シャトルに追いつくのが遅いと、シャトルを下でとらえることになる

ラリー力を鍛える

ねらい レシーブ力の向上

Menu 035　2対1 プッシュ

難易度 ★★★★☆
時間 3分×左右各1セット

得られる効果
- ▶ 技術・感覚
- ▶ シャトルのスピード
- ▶ コントロール
- ▶ 持久力
- ▶ 瞬発力

センターグリップ
イングリップ
アウトグリップ

相手BCはローテーションをせずにネット前に固定

練習者Aは前後に動いてレシーブに徹する

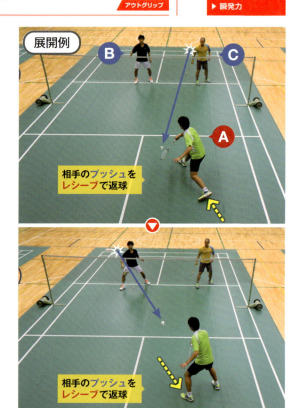

展開例

相手のプッシュをレシーブで返球

相手のプッシュをレシーブで返球

やり方

相手BCはネット前に固定。練習者Aは前後に動いてレシーブに徹してラリーを続ける。

なぜ必要?

前後に動く展開に慣れる

ダブルスでは速い展開の中で、前後に動かされながらレシーブする場面が多い。動きながらでも反応できるように速い展開に慣れ、ていねいにレシーブできるようにすることが必要だ。

手と足を同時に動かす

ポイント

足と手を同時に動かしてレシーブする

動きながらレシーブするときに心がけたいのは、手と足を同時に動かすこと。手だけで返そうとすると足が止まってしまうなどスムーズに動けないことが多い。また、前に落とされた球に対しても、素早く対応することが重要。そのためにも足を前に出してレシーブすることを心がけよう。

ここに注意!

飛んできたシャトルに対して後ろに下がってしまう

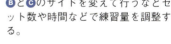

逆サイドも行う

フォアサイドで行ったあとは、バックサイドでも同様に行う。この練習は強度的にはそれほど厳しくないが、❶と❷のサイドを変えて行うなどセット数や時間などで練習量を調整する。

ラリー力を鍛える
相手の穴を見つけてねらう

Menu 036 2対2 ノーロブ練習

難易度	★★★★★
時間	3分×2セット

得られる効果
- ▶ 技術・感覚
- ▶ シャトルのスピード
- ▶ コントロール
- ▶ 持久力
- ▶ 瞬発力

センターグリップ
イングリップ
アウトグリップ

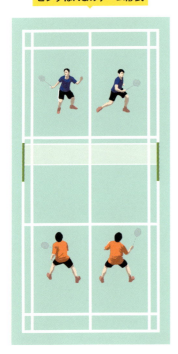

お互いに大きく上げるロビングはNGのゲーム形式

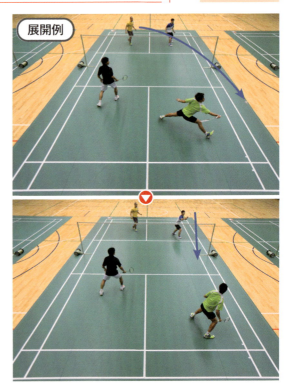

展開例

やり方

ゲーム形式でお互いにロブを上げないように工夫してラリーを行う。大きく上げるロビングはNGだが、下でとらざるを得ない球はハーフに上げて相手を動かそう。ラリーが続かないときは、ショートサービスラインより後方のエリアに限定して行う。

❓ なぜ必要？

相手の隙を見つける

ダブルスでは早い展開が多いがそれでも相手の隙を見つけロビングを打たせるショットが必要になる。早い展開の中で相手の隙を見つけて狙おう。

❗ ポイント

速く動いて、高い打点でシャトルをさばく

ノーロブは速く動くのが大前提。シャトルを下でとらえることになると、当然上げざるを得ない状況になるので、できるだけ高い打点でさばけるようにする。それによってラリーの主導権も握りやすい。

前衛のプッシュを習得する

ダブルスの前衛で使うプッシュの種類を学ぶ

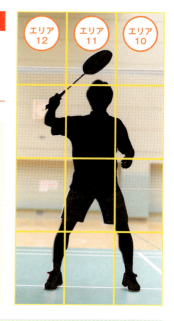

なぜ必要？

前衛ではプッシュの仕方が増える

ボディまわりのスマッシュレシーブの仕方は約16種類にもおよぶが、ダブルスの前衛ではさらに対応エリアが広がり、プッシュでの対応4種類が加わることになる。エリアとしては、頭より上をバックサイド、中央、フォアサイドに分けた3つ。ダブルスプレーヤーは、16種類にプラスしてこの4種類も打てるようにしておくとよいだろう。

 参照ページ **P60** ボディまわりのレシーブの種類を学ぶ

エリア 10 基本の返球

バックでアウトグリップ

エリア 10 チャレンジ

フォアでイングリップ

Point! 潜り込んでプッシュできるようであれば、イングリップでプッシュしたほうが力は入れやすい

エリア 11 基本の返球

フォアでイングリップ

エリア 12 基本の返球

フォアでイングリップ

コラム5

ダブルスの基本を理解し、2人の決まりごとを作っていこう

　ダブルスではテクニックや展開のスピードとともに大切になるのが、パートナーとのコミュニケーションです。

　とくに試合では、どちらかの選手の弱点を狙われたり、どちらがとるか微妙なところに落とされたりと、ペアの雰囲気が悪くなる要素がたくさんあります。1人でプレーしているのではなく、2人でプレーしているわけですから、お互いに言いたいことを言えるような関係を作っていかなければいけません。

　2人の雰囲気が悪くなることの大きな要因の一つに、ダブルスの基本がわかっていないということが挙げられます。ここに打ったらここに動く、このシャトルはどちらがとると次の動きがスムーズかなど、セオリーや基本がわかっていれば、どちらがどうプレーすべきかが明確なのですが、それがわかっていないとミスの原因をお互いにパートナーのせいだと思い込みがちになるのです。基本を勉強して冷静にどうプレーするのがいいのかを理解したうえで、2人の長所や弱点をふまえ、2人の決まりごとを作っていくといいのではないでしょうか。

　また、長く組んでいるペアでも、「言わなくてもわかっているだろう」とコミュニケーション不足に陥りがち。話し合いをすることでプレースタイルを進化させていくことができるので、いまより勝ち進んでいくためには積極的にプレーについて考えていることを話し合うといいでしょう。

第6章
フットワーク

実際の試合では、動きながら打つことになります。お互いに相手を走らせたり、相手の嫌がるところにシャトルを打つわけですから、常にフットワークを使うことになります。動きながら打つと急にコントロールができなくなったり、ミスが増えたりします。動きながらていねいに打つということは、それだけ難しいのです。ここではフットワークの基本を学んでいきましょう。

フットワークの考え方

フットワークで一番大事な部分は、相手がシャトルを打ったあとに反応する"最初の動き出し"。これができていると、余裕を持ってシャトルを打つことができるので、いろいろなショットが打ちやすくなる。そのためにも、まずは実際のフットワークを練習する前に構えと立ち位置について学んでいこう。

構え方

右足と左足が少なくとも肩幅以上のスタンスを保つように構える。両足のヒザを曲げ、つま先側に重心が乗るよう、カカトが少し浮くくらいのイメージで構える。

ポイント
ヒザを曲げた状態をキープする

ヒザを曲げている状態＝すぐに動ける（蹴り出せる）状態だ。ヒザが伸びると動き出しが遅れてしまうので、ヒザを曲げた状態をキープすることが重要になる。

ここに注意！
ヒザが曲がっていない

ヒザがほとんど曲がっていない"棒立ち"の状態で、上体も起きているため重心が後ろにいき、動き出しで遅れてしまう。

コート上での立ち位置

相手の打球に備えて構える場所、いわゆるホームポジションは必ずしもコートの真ん中とは限らない。相手のショットが読めそうなら、予測されるコースのほうに寄って構えてもOK。このときスタンスも肩幅以上に開くように意識しておこう。

Point!
相手のショットが読めないようなときは、コート中央で構えるのが基本となる

Point!
相手がバックサイドに打ってきそうならバック側に寄る。このときコート前に落としてきそうならバック前へ、コート奥に打ってきそうならバック奥へと前後も意識してポジショニングする

Point!
相手がフォアサイドに打ってきそうならフォア側に寄る。このときコート前に落としてきそうならフォア前へ、コート奥に打ってきそうならフォア奥へと前後も意識してポジショニングする

動きやすい方向

構えたとき、右足と左足を結んだ方向へは動きやすくなるので、状況に応じてスタンスを変える。このスタンスの調整が甘いと最短距離で動けず、シャトルへの対応が遅れがちになる。

右足が前、左足が後ろ
フォア前―バック奥の方向に動きやすい

右足が後ろ、左足が前
バック前―フォア奥の方向に動きやすい

両足がそろっている
両サイドに動きやすい

Menu 037 前方へのフットワーク

難易度 ★☆☆☆☆
時間 3分

やり方

ロビングを打つようなイメージでフォア前、バック前へ動く。動き出しを意識して行う。

▲フォア前への動き出し　　左足→右足の順で重心を崩し、瞬間的に腹筋などを使って（重心を）下に落とした勢いと左足の蹴りで一気に加速する

▲バック前への動き出し　　右足→左足の順で重心を崩し、瞬間的に腹筋などを使って（重心を）下に落とした勢いと右足の蹴りで一気に加速する

ポイント　重心を崩して動き出す

移動する方向に対して、重心を"崩す"ことを意識して動き出す。フォア前なら右足を前に出したスタンスで右足を崩せばフォア前に倒れていくので、「倒れた勢い+蹴る力=移動する力」となる。

Menu 038 後方へのフットワーク

難易度 ★☆☆☆☆
時間 3分

> やり方

コート奥へのシャトルを追うイメージでフォア奥、バック奥（ラウンド）へ動く。動き出しを意識して行う。

▲フォア奥への動き出し　体を開きながら左足→右足の順で、重心を崩す

▲バック奥（ラウンド）への動き出し　体を開きながら右足→左足の順で、重心を崩す

> ポイント　**体を横に開き、つま先を横に向ける**

移動する方向に対して、重心を"崩す"ことを意識して動き出す。
体を横に開き、つま先を横に向けると下がりやすい。

大きな歩幅で動いて歩数を減らす

藤本ホセマリの ワンポイントアドバイス

フットワーク全体に言えることだが、歩数はできるだけ少ないほうが速く動ける。たとえば、バック奥の場合でも歩数が増えてしまうとシャトルの下にもぐるのが遅れやすい。状況にもよるが、できるだけ歩数を少なくして効率的に動くことを心がけよう。

やり方

バック奥（ラウンド）へ上がったシャトルをイメージしてフットワークを行う。

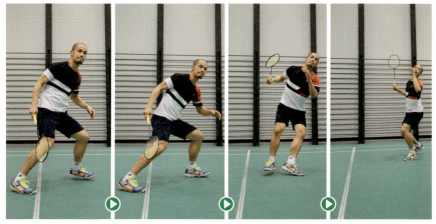

▲**バック奥（ラウンド）へのフットワーク例**

左足、右足ともに大きく踏み出すことでスムーズに移動でき、よい体勢でシャトルを追える

左足、右足とも小刻みに踏むと距離を稼げず歩数が増え、よい体勢でシャトルを追えない

ポイント　重心を崩して動き出す

動き出しから大きく踏み出し、3歩でシャトルに追いつけるように行う。フットワークが苦手な人は無駄に歩数が増えてしまいがちで、3歩でシャトルに追いつけない場合、5歩を要することになってしまいロスにもつながる。できるだけ歩数を少なく効率的なフットワークを心がける。

Menu **039** フォア前への
フットワーク（近い場合）

難易度 ★★☆☆☆
時間 3分

やり方

シャトルへの距離が近い場合を想定し、4歩で移動（左→右→左→右）。
3歩目の左足をサイドステップもしくは交差させて移動距離を調節する。

 ヒットの瞬間

 相手が打つときにどこへどんなショットがくるか予測する瞬間

▲左足で蹴って動き出し

▲右足を斜め前に接地

▲左足をサイドステップもしくは交差させて接地。ここで距離を調整

▲右足を接地。
左足は右足に寄せすぎない

▲右足で蹴って重心を左足に移動

▲左足でさらに蹴って戻る

▲構えの姿勢へ

▲右足を接地

▲空中で体勢を整える

シャトルへの距離が近い場合と遠い場合の共通ポイント！

1. 頭が上下にブレないように移動する
2. 踏み込んだあとの左足は右足に寄せすぎない（戻るときに距離が出てしまう）
3. 戻るときは左足に重心を乗せてから戻り始める

Menu 040 フォア前へのフットワーク（遠い場合）

難易度 ★★☆☆☆
時間 3分

やり方

シャトルへの距離が遠い場合を想定し、4歩で移動（左→右→左→右）。
3歩目の左足を体の前に出して移動距離を調節する。

▲左足で蹴って動き出し　▲右足を斜め前に接地　▲左足を体の前に出して接地。ここで距離を稼ぐ

▲右足を接地。　▲右足で蹴って重心を左足に移動　▲左足でさらに蹴って戻る

▲構えの姿勢へ　▲右足を接地　▲空中で体勢を整える

＊「近い場合」「遠い場合」とも、ここではほぼホームポジションからの距離例を示しています。移動の歩数はシャトルを打つまでのもの。ホームポジションからの動き出しで足が接地したところを1歩目としています。

Menu 041 バック前へのフットワーク（近い場合）

難易度 ★★☆☆☆
時間 3分

やり方

シャトルへの距離が近い場合を想定し、3歩で移動（右→左→右）。
最初の足の開きを大きくし、戻るときは右足で一気に蹴る。

③ ▲右足を大きく斜め前に接地　② ▲左足を斜め前に接地　① ▲右足で蹴って動き出し

⑤ ▲右太ももを引きつける勢いと左足の蹴りで戻る

④ ▲右足で強く蹴りながら重心を左足に移動させる

ポイント

この戻り方は、ロブ後の相手スマッシュやクリアーを警戒して戻るケース。踏み込んだあと左足に重心を移動させ、右足で強く蹴り、太ももを引きつけながら一気に戻る（写真⑤〜⑧）。

⑥ ▲空中で体勢を整える

⑦ ▲左足を接地

⑧ ▲構えの姿勢へ

シャトルへの距離が近い場合と遠い場合の共通ポイント！

❶ 頭が上下にブレないように移動する
❷ 踏み込んだあとの左足は右足に寄せすぎない（戻るときに距離が出てしまう）
❸ 戻り方は状況次第で変化

Menu 042 バック前へのフットワーク（遠い場合）

難易度 ★★★★★
時間 3分

やり方

シャトルへの距離が遠い場合を想定し、5歩で移動（右→左→右→左→右）。
戻るときは、右足で強く蹴りながら重心を左足に移動させてから戻る。

▲左足を交差させて接地（4歩目 左）

▲右足を斜め前に接地（3歩目 右）

▲右足で蹴って動き出し、左足を接地（1歩目 右／2歩目 左）

▲右足で強く蹴りながら重心を左足に移動させる

▲右足を斜め前に接地（5歩目 右）打点ポイント

▲右太ももを引きつける勢いと左足の蹴りで戻る

▲左足を接地

▲構えの姿勢へ

Q&A

Q ヘアピン後、相手がネット前に打ってきそうな場合は？

④ ▲右足で蹴って左足に重心を軽く移動させる

③ ▲右足を大きく斜め前に接地

⑤ ▲左足で軽く蹴って戻る

⑥ ▲空中で相手打球を見極める

A ホームポジションまで戻らず、ネット前を警戒する

自分がヘアピンを打った後に、相手がネット前に返してきそうだと予測できた場合は、ホームポジションまで戻る必要はありません。踏み込んだあと、左足に軽く重心を移動させ、サイドステップで少し戻り（写真⑤～⑦）、ネット前のショットに備えましょう。

① ▲右足で蹴って動き出し

② ▲左足を斜め前に接地

⑦ ▲（ヘアピンに対応するために）両足を蹴って前へ

⑧ ▲プッシュなどで対応する

Menu **043** フォアサイドへのフットワーク（近い場合）

難易度 ★★★★★
時間 3分

やり方

シャトルへの距離が近い場合を想定し、2歩（両足→右）で移動。
戻るときは、右足で蹴って左足に重心を移動させて戻る。

▲両足で蹴って動き出し

▲右足を横に大きく出す

▲右足を接地し、腰を入れる

▲両足を接地

▲左足で蹴って戻る

▲右足で蹴って左足に重心を移動

▲構えの姿勢へ

シャトルへの距離が近い場合と遠い場合の共通ポイント！

1. 構えはヒザと股関節を深めに曲げ、素早く移動できる準備をする
2. 動き出しは重心をやや斜め下に移動させるイメージで動く
3. 踏み込むときはヒザとつま先をしっかり開き、腰を入れる

Menu 044 フォアサイドへのフットワーク（遠い場合）

難易度 ★★☆☆☆
時間 3分

やり方

シャトルへの距離が遠い場合を想定し、4歩（左→右→左→右）で移動。
動き出しでの体のキレを意識し、素早いサイドステップで踏み込む。

▲左足で蹴って動き出し

▲右足を横に接地

▲左足でさらに蹴る

▲左足でさらに蹴って戻る

▲右足で蹴って左足に重心を移動

▲右足を横に出して接地し、腰を入れる

▲構えの姿勢へ

▲両足を接地

Menu 045 バックサイドへのフットワーク(近い場合)

難易度 ★★★★★
時間 3分

やり方

シャトルへの距離が近い場合を想定し、2歩で移動(両足→左)。フォア同様、体のキレを重視する。接地足が左足なので、慣れない人は「遠い場合」のフットワークでもよい。

▲左足で蹴って戻る　▲左足を横に接地し、腰を入れる　▲両足で蹴って動き出し

▲右足に重心を移動　▲両足を接地　▲構えの姿勢

シャトルへの距離が近い場合と遠い場合の共通ポイント！

1. 構えはヒザと股関節を深めに曲げ、素早く移動できる準備をする
2. 踏み込む足が左足、右足と両方あるので慣れるようにしよう
3. 動き出しは重心をやや斜め下に移動させるイメージで動く
4. 踏み込むときはヒザとつま先をしっかり開き腰を入れる

Menu 046 バックサイドへのフットワーク（遠い場合）

難易度 ★★☆☆☆
時間 3分

やり方

シャトルへの距離が遠い場合を想定し、3歩で移動（右→左→右）。
動き出しで体のキレを意識し、素早く右足で踏み込む。

Point! 距離が遠いので右足を出す

▲左足で蹴って右足を接地し、腰を入れる（3歩目 右・打点ポイント）

▲左足を横に接地（2歩目 左）

START

▲右足で蹴って動き出し（1歩目 右）

▲右足で蹴って左足に重心を移動

▲左足で蹴って戻る

▲空中で体勢を整える

▲左足を接地

見極めポイント

▲構えの姿勢へ

145

Menu 047 フォア奥へのフットワーク（近い場合）

難易度 ★★☆☆☆
時間 3分

やり方

シャトルへの距離が近い場合を想定し、4歩（左→右→左→右）で移動。
動き出しから3歩目の左足は後ろに交差する（写真③）。同時に上半身を使ってテイクバックしてタメをつくる。
後ろに下がりながら打つため、打ったあとは右足で蹴ってすぐに戻る。

① ▲左足で蹴って動き出し（START／1歩目 左）
② ▲右足を斜め後ろに接地。つま先は横に向ける

③ ▲左足を右足の後ろに交差し、上半身もひねって打つ体勢をつくる（2歩目 右）

④ ▲左足を接地（3歩目 左）

⑤ ▲左足を蹴ってスイング開始

⑥ ▲シャトルをヒット（打点ポイント／4歩目 右）

⑦ ▲右足を接地して蹴り出す

⑧ ▲左足を接地して蹴り出す

⑨ ▲右足で軽く蹴る

⑩ ▲空中で体勢を整える（見極めポイント）

⑪ ▲構えの姿勢へ

シャトルへの距離が近い場合と遠い場合の共通ポイント！

❶ 動き出しで下がるときは体を開き、つま先を横にしてサイドステップで下がる
❷ 打つときの足の入れ替えはどちらでもよいが、フォアの場合は入れ替えないほうが速く戻れる

Menu 048 フォア奥へのフットワーク（遠い場合）

難易度 ★★☆☆☆
時間 3分

やり方

シャトルへの距離が遠い場合を想定し、6歩（左→右→左→右→左→右）で移動。動き出したあと、サイドステップで距離を稼いでから右足で踏み込んで打つ。

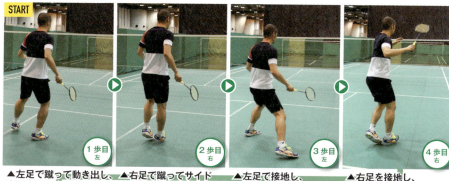

| 1歩目 左 | 2歩目 右 | 3歩目 左 | 4歩目 右 |

▲左足で蹴って動き出し、右足を斜め後ろに接地 　▲右足で蹴ってサイドステップで下がる　▲左足で接地し、右足をさらに斜め後ろへ　▲右足を接地し、左足を後ろに交差

▲左足を接地　▲右足を大きく引いて上にジャンプ　▲スイングして着地　▲右足で強く蹴って戻る

▲構えの姿勢へ　▲空中で体勢を整える　▲右足で軽く蹴る　▲左足で蹴って戻る

Menu 049 バック奥（ラウンド）への フットワーク（近い場合）

難易度 ★★★★★
時間 3分

やり方

シャトルへの距離が近い場合を想定し、4歩（右→左→左→右）で移動。
動き出しのあと右足で蹴り、右太ももを引き上げると同時に左足で蹴る。
そのまま一気に体を反転し左足から接地。右足で踏み込むときはしっかりと踏ん張る。

▲右足で蹴って動き出し　▲左足を斜め後ろに接地　▲右足を大きく引きながら上体を回転させる。　▲左足で軽く蹴る

（START／1歩目右／2歩目左／3歩目左）

▲左足で強く蹴って戻る　▲足を入れ替えて着地　▲上に跳びながらスイング開始　▲左足で接地後、右足を大きく引いて接地

（打点ポイント／4歩目右）

▲右足で蹴って戻る　▲左足で軽く蹴る　▲空中で体勢を整える　▲構えの姿勢へ

（見極めポイント）

シャトルへの距離が近い場合と遠い場合の共通ポイント！

① 動き出しで下がるときは体を開き、つま先を横にしてサイドステップで下がる
② 体の反転を素早く行う
③ 右足でジャンプして打球する際、後ろではなく上か前に跳ぶように床を蹴る

Menu 050 バック奥(ラウンド)への フットワーク(遠い場合)

難易度 ★★☆☆☆
時間 3分

やり方

シャトルへの距離が遠い場合を想定し、5歩(右→左→右→左→右)で移動。まず素早く反転してから、サイドステップで下がる。

▲左足を右足に寄せて接地 ／ ▲右足を素早く引いて反転 ／ ▲左足を斜め後ろに接地 ／ ▲右足で蹴って動き出し

▲足を入れ替えて着地 ／ ▲上に跳びながらスイング開始 ／ ▲右足を大きく引いて接地 ／ ▲左足で蹴る

▲左足で強く蹴って戻る ／ ▲右足で蹴って左足を接地 ／ ▲空中で体勢を整える ／ ▲構えの姿勢へ

Menu **051** 跳びつきの足運び（フォアサイド）

難易度 ★★★☆☆
時間 2分

フットワークをレベルアップさせる

藤本ホセマリの
ワンポイントアドバイス

フォアサイド、バックサイド、フォア奥、バック奥では基本の足運びのほかに「跳びつき」での対応の仕方があります。その例を紹介していきます。

やり方

フォアサイドへ4歩（左→右→左→右）で移動。
細かいサイドステップでシャトルの下に入ってからジャンプできるよう、足を素早く運ぶ。

▲左足で蹴って動き出し、右足を接地　▲左足を右足に寄せる　▲左足で蹴って右足を横に開く　▲右足を大きく開いてシャトルの下に入る

▲上にジャンプしながらスイング開始　▲シャトルをヒットし、先に右足を接地　▲右足→左足の順に接地。右足で蹴って重心を左に崩す

▲構えの姿勢へ　▲右足を接地　▲空中で体勢を整える　▲左足で蹴って戻る

Menu 052 跳びつきの足運び（バックサイド）

難易度 ★★★☆☆
時間 2分

やり方

バックサイドへ4歩（右→左→右→左）で移動。
フォアと同じく、細かいサイドステップでシャトルの下に入ってからジャンプできるよう、足を素早く運ぶ。

▲左足を大きく開いて　▲右足で蹴って　　　▲右足を左足に寄せる　▲右足で蹴って動き出し
　シャトルの下に入る　　左足を横に開く　　　　　　　　　　　　　　左足を接地

▲左足→右足の順に接地。　▲シャトルをヒット　　▲上にジャンプしながら
　左足で蹴って重心を右に崩す　　　　　　　　　　　スイング開始

▲右足で蹴って戻る　▲空中で体勢を整える　▲左足を接地　▲構えの姿勢へ

Menu 053 跳びつきの足運び（フォア奥）

難易度 ★★★☆☆
時間 2分

やり方

フォア奥へ4歩（左→右→左→右）で移動。動き出しで下がるときはつま先を横に向けてサイドステップをしてジャンプ。スイング後の着地は、両足でもいいが閉じないほうが素早く戻れる。

▲左足で蹴って動き出し、右足を斜め後ろに接地（1歩目 左）
▲左足を右足に寄せる（2歩目 右）
▲左足で蹴って右足を大きく斜め後ろに接地（3歩目 左）
▲シャトルの下に入り右足でジャンプ（4歩目 右）

▲上にジャンプしながらスイング開始
▲シャトルをヒットし、右足から着地（打点ポイント）
▲右足→左足の順に着地。右足で蹴って重心を左に残す

▲構えの姿勢へ
▲空中で体勢を整える（見極めポイント）
▲右足を接地
▲左足で蹴って戻る

Menu 054 跳びつきの足運び（バック奥：ラウンド）

難易度 ★★★☆☆
時間 2分

やり方

バック奥（ラウンド）へ4歩（右→左→右→左）で移動。細かいサイドステップで移動して左足でジャンプし、スイングの着地も左足から。着地では両足を閉じないほうが素早く戻れる。

▲シャトルの下に入り左足でジャンプ（4歩目 左） ▲右足で蹴って左足を大きく斜め後ろに接地（3歩目 右） ▲右足を左足に寄せる ▲右足を蹴って動き出し、左足を斜め後ろに接地（1歩目 右／2歩目 左）START

▲左足で蹴って戻る ▲左足→右足の順に接地。左足で蹴って重心を右足に崩す ▲シャトルをヒット（打点ポイント） ▲上にジャンプしながらスイング開始

▲サイドステップで戻る ▲右足を斜め前に出す ▲左足を斜め前に出す ▲空中で体勢を整え、構えの姿勢へ（見極めポイント）

実戦的フットワーク練習

フットワークの向上とスピードアップ

ねらい

難易度	★★☆☆☆
時間	30秒×4セット

得られる効果
▶ 技術・感覚
▶ シャトルのスピード
▶ コントロール
▶ 持久力
▶ 瞬発力

Menu 055 指示出しフットワーク

やり方

写真のようにフットワーク練習をする人の前に指示者が立ち、練習者は指示者の指示に従って動く。指示を出す方向は6つ。指示は練習者がホームポジションに戻る直前に出す。

ホームポジション

練習者が進むエリアは6つ

練習例

バック前への移動を指示

バック前にフットワークで移動

なぜ必要?

実戦を想定して動く

予測不能な指示に対して動くことで、実戦でも6方向へ素早く動けるようにする。

ポイント

レベルに合わせた指示を

指示者はフットワーク練習をする選手のレベルに合わせて指示の出し方を工夫する。練習に慣れてきたら、フォア前を指すと見せかけてバック前を指すなど、フェイントを入れてもいい。

実戦的フットワーク練習

フットワークの向上とスピードアップ

ねらい

Menu 056 シャトル運び

難易度	★★☆☆☆
時間	シャトル6個×各2セット

得られる効果
- ▶ 技術・感覚
- ▶ シャトルのスピード
- ▶ コントロール
- ▶ 持久力
- ▶ 瞬発力

やり方

コート内にシャトルを置き、それをストレート、クロス、サイドなどに運ぶ。すべてのシャトルを運び終えたら交代する。慣れてきたらシャトルやセット数を変えて強度を上げよう。

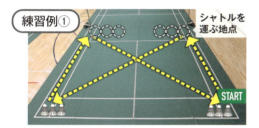

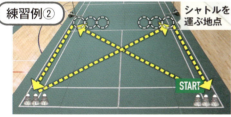

❓ なぜ必要？

スピード、スタミナを向上

フットワークのスピードを向上させ、またシャトルの個数やセット数などを増やすことでスタミナも向上させる。

🔔 ポイント

歩数を意識する

この練習でもコート内を動くときに歩数が増えないように気をつけること。また、スピードも落ちないように行う。

Q&A

Q 相手のショットにだまされないためには？

A1 相手が打つ瞬間に合わせて足が浮いた状態を作るようにする

相手のフェイントなどにだまされてしまうときは、ほとんど両足が床に着いた状態でいるときです。つまり、相手が打った瞬間に片足か両足が空中に浮いていれば、フェイントに引っかかりにくくなるということ。相手が打つタイミングに合わせて足が浮いた状態を作るようにしましょう。また、相手のショットが読めるとき以外は、相手が打ってから動くという意識を持つことも大切です。

ケース1
バック奥への動き

左足でタイミングを計る

◀相手がシャトルをとらえる直前に左足で右足が浮くタイミングを調整する。

見極めポイント
両足が浮く

◀両足が空中に浮いた状態のときに相手がショットを打っているので、だまされることなくショットを見極め、動き出しの準備ができる。ここが動き出しの「見極めポイント」となる。

◀打球コースを素早く認識し（ラウンドへのクリアー）、その方向に動けるように右足を接地する

A2 動きにくい場所に素早く足を入れ替えて対応する

左ページの連続写真はバック奥への移動で、右利きの選手にとってはもともと右足を前に構えるケースが多く、動きやすい方向でもあります。バック前やフォア奥へ移動するときは、ホームポジションに戻るときの見極めポイントで両足を素早く入れ替えると動きやすくなります。

ケース2
バック前への動き

◀相手がシャトルをとらえる直前に左足で右足が浮くタイミングを調整している。

◀両足が空中に浮いた状態のときに相手がショットを打っているので、だまされることなくショットを見極め、動き出しの準備ができる。ここが動き出しで相手の打つコースを判断する。

見極めポイント

◀打球コースを素早く認識し（バック前へのカット）、足を入れ替えて（右足を下げて左足を前に出す）その方向に動けるように右足を接地する。もし空中で両足を入れ替えられなくても、一度足を着いてから素早く足を入れ替えられれば対応できる。

両足を入れ替える

コラム 6

試合中に声や感情を出したほうがいい？

　本書の冒頭で、バドミントンで強くなるための6つの要素を紹介しました。本書では「精神力を鍛える」ということに関しては詳しく取り上げていませんが、試合では最後は精神力がものをいいます。

　試合でも練習でもそうですが、苦しくても頑張るという気持ちがなければ、途中で心が折れてしまいます。試合では、往々にして我慢比べになることもあります。先に心が折れたほうが負けるのです。

　その試合では、どのように自分を鼓舞するかが大事になります。僕自身は精神的に自分が苦しくなったときは、声を出したり、ガッツポーズで表現したりと気持ちを出すようにしていました。声は精神面を盛り上げるための大きな一つの要素となります。

　声を出すということに関しては、場合によっては主審に注意を受けることもあります。自分を鼓舞するように盛り上げるのは問題ありませんが、むやみに相手を不快にさせるのはよくありません。

　人によっては、冷静に淡々とプレーしたほうが集中しやすいということもあるでしょう。

　いずれにせよ、自分のスタイルを確立することが大切です。自分では集中しているつもりでプレーしても、周囲から見たら空回りしているようなことも多いものです。試合を重ねる中で、自分が勝てる集中の仕方やスタイルを見つけていきましょう。

第7章
トレーニング

最終章となる第7章では、バドミントンに役立つトレーニングをまとめました。試合で勝つためには、トレーニングは欠かせない要素です。ここでは、バドミントンのステップの動きを取り入れたステップ練習も紹介しています。ぜひ、練習メニューの一部に取り入れてください。

トレーニングの考え方

バドミントンでは単純に筋肉をつける、筋肉を大きくするだけでは体が重くなり、動きが遅くなってしまうので、あまりおすすめできない。バドミントンの動きに適した体力をつけることが大切。バドミントンという競技の特性に合ったトレーニングをすることが競技力の向上につながる。ここでは、そんな競技特性に合ったトレーニングをいくつか紹介しよう。

なぜ必要？

プレーの向上、レベルアップを目指すには欠かせない

一通りショットを打つだけならトレーニングは必要ないが、スマッシュを速くしたい、スタミナをつけたい、フットワークのスピードを上げたいなどプレーの向上を目指すなら、トレーニングは欠かせない。バドミントン特有のステップトレーニングの一環として取り入れよう。

Menu 057 チャイニーズステップ

難易度 ★★★★★
時間 3分

得られるフットワークの効果
▶ 動き出しの速さ
▶ ジャンプ力
▶ バランス
▶ スタミナ

やり方

次の順に足を動かす。「10秒間ゆっくり、その後10秒間速く」を繰り返す。
❶両足前後（図1）❷左右に開脚（図2）❸両足交互に前後（図3）❹右足前→左足前→右足後ろ→左足後ろ（写真・図4）❺ ❹の逆（左足後ろ→右足後ろ→左足前→右足前）❻タッピング（構えた姿勢からその場で細かく足踏み）。

❹のステップ

ポイント

動き出しの基本ステップ、切り返しを強化

動き出しの基本となるステップを強化する。また、フェイントに引っかかっても素早く重心を切り返す練習になる。

図1

図2

図3

図4

Menu 058 ラインジャンプ

難易度 ★☆☆☆☆
時間 30秒×2セット

得られるフットワークの効果
- ▶ 動き出しの速さ
- ▶ ジャンプ力
- ▶ バランス
- ▶ スタミナ

やり方
シングルスのサイドラインとダブルスのサイドラインを目安に両足で前後にジャンプ。

Point! 重心はラインの中央に置いたまま

ポイント
バランスが崩れた状態でも素早く動く

オフバランス(バランスが崩れた状態)での素早い動きを意識する。ラインの中央に重心を置いたまま、連続ジャンプを繰り返す。

Menu 059 筒跳び

難易度 ★★★☆☆
時間 15回×2セット

得られるフットワークの効果
- ▶ 動き出しの速さ
- ▶ ジャンプ力
- ▶ バランス
- ▶ スタミナ

やり方
シングルスのサイドライン上にシャトルの筒を置き、ダブルスのサイドラインを目安に両足で横にジャンプ。これを繰り返す。

ポイント
足を開いたままジャンプ

足を肩幅に開いて連続ジャンプする。足を開いた状態で行うと、より実戦的な動きになる。

Menu 060 スキップ

難易度	★☆☆☆☆
時間	20秒×2セット

得られるフットワークの効果
- ▶ 動き出しの速さ
- ▶ ジャンプ力
- ▶ バランス
- ▶ スタミナ

やり方
コートのサイドライン間を使ってスキップする。右足を上げているときは左手を上げ、左足を上げているときは右手を上げ、リズミカルに行う。

ポイント
蹴り足だけでなく引き上げる足も意識しよう

手の動きと足の動きのタイミングを合わせる。蹴り足に力が入りがちだが、引き上げる足を使って跳びはねるように意識する。

ももを引き上げる

Menu 061 スキップニーイン

難易度	★☆☆☆☆
時間	20秒×2セット

得られるフットワークの効果
- ▶ 動き出しの速さ
- ▶ ジャンプ力
- ▶ バランス
- ▶ スタミナ

やり方
右足を体の外側から内側に向かって引き上げながらスキップして左方向へ進む。

ポイント
上半身はヒザを入れる方向とは逆方向に

ヒザを内側に入れるときは上半身をしっかり逆方向にひねる。頭は動かさないようにする。

頭は動かさない

Menu 062 バックスキップニーアウト

難易度	★☆☆☆☆
時間	20秒×2セット

得られるフットワークの効果
- 動き出しの速さ
- ジャンプ力
- **バランス**
- スタミナ

やり方

右足を内側から外側へと引き上げ、後方へ。左足を内側から外側へ引き上げ、後方へ。これを交互に行い、後方へ進む。

ポイント 股関節を十分に意識する。上半身は安定させる

股関節を意識して、しっかりヒザを外側に回す。また、同時に上半身を安定させてバランスが崩れないようにする。

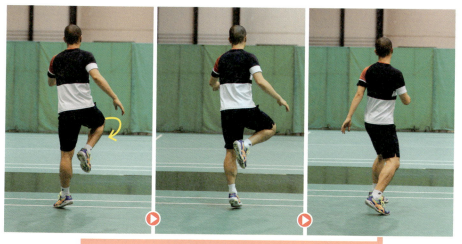

Menu 063 サイドステップ

難易度	★☆☆☆☆
時間	20秒×2セット

得られるフットワークの効果
- 動き出しの速さ
- ジャンプ力
- **バランス**
- スタミナ

やり方 コートの片面を使ってサイドステップを行う。右方向、左方向とも行う。

ポイント 頭が上下しないように気をつける

サイドの動きを安定させるトレーニング。親指から蹴り出し、親指から床に着く。頭が上下にぶれないように移動する。

慣れてきたら、腕の動きもつけて行う。両足を開いているときは、両腕を上に。両足を閉じているときは両腕を下に

Menu 064 クロスステップ

難易度	★☆☆☆☆
時間	20秒×2セット

得られるフットワークの効果
- 動き出しの速さ
- ジャンプ力
- **バランス**
- スタミナ

やり方 足を前後にクロスさせながら横方向に進む。逆方向も同様に行う

ポイント 足を運びながら腰をツイスト

下半身と上半身をツイストするタイミングを合わせる。これはバドミントンで重要な動きで、フォア奥などでショットを打つときにも使う動きとなる。

Menu 065 ツーステップ前

難易度	★☆☆☆☆
時間	20秒×2セット

やり方 両足を使ってツーステップでジグザグに進む。ネット前でショットを打つときのように大きな歩幅で進む

得られるフットワークの効果
- 動き出しの速さ
- ジャンプ力
- **バランス**
- スタミナ

🏸 ポイント

ネット前へ詰めるフットワークを意識する

ツーステップして方向転換するときに、蹴り出す足で踏み直す（写真⑤と⑥の間の動作）。ネット前への動きに必要なフットワークだ。

Menu 066 ツーステップ後ろ

難易度	★☆☆☆☆
時間	20秒×2セット

やり方 両足を使ってツーステップで後方に向かって進む。コート奥でオーバーヘッドを打つときのように大きな歩幅で進む

得られるフットワークの効果
- 動き出しの速さ
- ジャンプ力
- **バランス**
- スタミナ

🏸 ポイント

コート後方へ下がるフットワークを意識する

ツーステップして方向転換するときに、蹴り出す足で踏み直す。コート後方への動きをスムーズにするフットワークだ

Menu 067 両足ジャンプ

難易度	★★☆☆☆
時間	20回×2セット

得られるフットワークの効果
- ▶ 動き出しの速さ
- ▶ ジャンプ力
- ▶ バランス
- ▶ スタミナ

やり方 コートのサイドラインからサイドラインまでの間を両足ジャンプで前方に進む

ポイント　全身を使って大きくジャンプ

足だけでなく、腕や腹筋など全身を使ってジャンプする。

Menu 068 両足ジャンプ後ろ

難易度	★★★☆☆
時間	10回×2セット

得られるフットワークの効果
- ▶ 動き出しの速さ
- ▶ ジャンプ力
- ▶ バランス
- ▶ スタミナ

やり方 コートのサイドラインからサイドラインの間を両足ジャンプで後方に進む

ポイント　背筋をうまく使って後方へ

バランスをとりながらジャンプできるように意識する。背筋をうまく使うのがポイントとなる。

Menu 069 縄跳び

難易度	★★☆☆☆
時間	30秒×5セット

得られるフットワークの効果
- ▶ 動き出しの速さ
- ▶ ジャンプ力
- ▶ バランス
- ▶ スタミナ

やり方 基本的に、二重跳びで跳ぶ。30秒間で50回を目指す。余裕があれば、三重跳びに挑戦しよう。

Level UP!
ジャンプしながら足を前後や左右に開くと、よりバランス感覚を磨ける。

Menu 070 ケンケン

難易度	★★☆☆☆
時間	20秒×左右各1セット

得られるフットワークの効果
- ▶ 動き出しの速さ
- ▶ ジャンプ力
- ▶ バランス
- ▶ スタミナ

やり方 片足ケンケンで前方に進む。左右両方行う。

ポイント 蹴り足だけでなく、引き上げる足も意識する

全身を使ってジャンプできるように意識する。蹴り足だけでなく、引き上げる足も使おう。

Menu 071 はさみケンケン

難易度 ★★★★★
時間 20秒×左右各1セット

得られるフットワークの効果
▶ 動き出しの速さ
▶ ジャンプ力
▶ バランス
▶ スタミナ

やり方

片足を浮かせたケンケンの状態で右足を振り上げながらジャンプして進む。このまま右足を床に着けずに、この動きを繰り返す。コート半面分を片足で行ったら、逆の足でも行う。

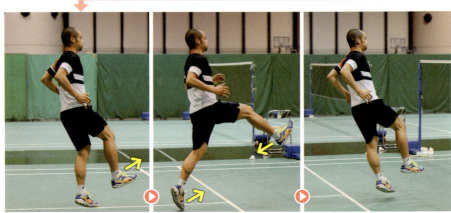

ワンポイントアドバイス

» 蹴り足だけではなく、腕の振りも使うことで前に進む

Menu 072 横ケンケン

難易度	★★★★★
時間	20秒×左右各1セット

得られるフットワークの効果
▶ 動き出しの速さ
▶ ジャンプ力
▶ バランス
▶ スタミナ

やり方

片足を浮かせたケンケンの状態で右足を振り上げながらジャンプし、右方向に進む。このまま右足を床に着けずに、この動きを繰り返す。コート半面分を片足で行ったら、逆の足でも行う。左足を振り上げて行うときは、左方向に進む。

ワンポイントアドバイス

» ジャンプした瞬間に、足を閉じる力を使って移動する

Menu 073 ネットくぐりサイドステップ

難易度	★★☆☆☆
時間	20回×2セット

得られるフットワークの効果
- ▶ 動き出しの速さ
- ▶ ジャンプ力
- ▶ バランス
- ▶ スタミナ

やり方

ネットの両サイドのエリアを使い、サイドステップしたあと、ネットをくぐり逆サイドへ。両足で体勢を整えたあと、ふたたび逆側にサイドステップ、ネットをくぐり元のサイドに戻る。これを繰り返す。

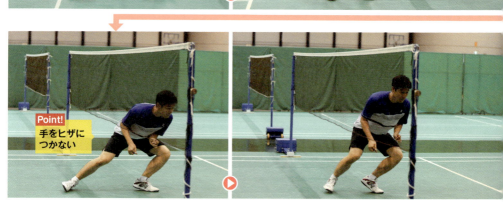

Point! 手をヒザにつかない

ワンポイントアドバイス

» 股関節をしっかり曲げ、低い体勢でネット下をくぐる
» 足を広げた状態をキープする
» 手をヒザにつけずに床に触るようなイメージで行う

Point!
股関節をしっかり曲げる

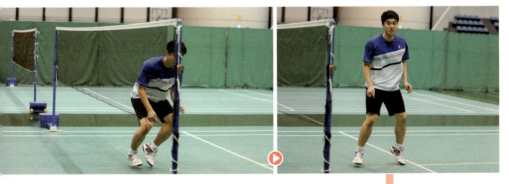

メニューの組み方
体も動いて頭も使える状態にする
メニューを組もう！

　さまざまな練習法を紹介してきましたが、さいごにメニューの組み方について考えていきましょう。

　メニューの組み方は、レベルや体力、練習時期や練習時間などによって工夫するべきですが、ひとつ気をつけてほしいのは、実際にシャトルを打つ羽根打ちをメインに考えたほうがいいということです。

　まず羽根打ちをする際に体も十分に動き、頭も十分に働く状態にしておくべきでしょう。体力をつける必要があるからといって、練習時間の最初にトレーニングをマックスの負荷で行ってしまうと、それだけで疲れてしまい、肝心な羽根打ちのときにさまざまなことを考えて打つことができなくなってしまいます。

　私がメニューを組むときは、練習中、羽根打ちで最高のパフォーマンスを出せるように計算します。そしてウォーミングアップのメニューはコート内をいいコンディションで動けるようにそのメニューを考えて組んでいます。体を追い込むトレーニングは、羽根打ちのあとに設定して、体力を出し切るようにすると効率的な練習になると思います。

　具体的に、3時間の練習を例に時間の割合を考えると下記のようになります。選手の課題や強化のポイントを考慮して、本書のノックやパターン練習を取り入れるといいのではないでしょうか。

	内容	負荷	時間
ウォーミングアップ	動的ストレッチ	軽	30分
	ステップ練習	軽	
	ダッシュ	軽〜中	
	チャイニーズステップ	軽	
羽根打ち	基礎打ち	軽	2時間
	ノックorパターン練習	中〜強	
	ゲーム練習	中	
トレーニング	筋力トレーニング	中〜強	30分
	体幹トレーニング	中〜強	
	ダッシュ	強	

CONCLUSION
おわりに

「最新式の基礎」というテーマで紹介した技術は、みなさんがいままで取り組んできた内容とは違っていたかもしれません。目新しい考え方もあったのではないでしょうか。

練習法自体はこれまでやってきたこととそれほど変わらないかもしれませんが、どんな練習も目的を意識して質を上げることで効果が高まります。

自分がこれまでやってきたことを変えるというのはなかなか難しいことですが、みなさん自身がいいなと思える内容であれば、ぜひ実行に移し、長く取り入れていただきたいと思います。そうすれば、きっと少しずつ、みなさんのバドミントンがいい方向に向かっていくと思います。

本書を手にとっていただいた方の中には、これまでバドミントンを本格的に教わったことがないという方も多いかもしれません。そうした方にとって、自分の足りないところを意識し、それを補い強化するヒントが見つかる一冊になっていれば幸いです。

藤本ホセマリ

著者＆モデル紹介

著者
藤本ホセマリ　ふじもと・ほせまり

1975年5月19日生まれ。東京都出身。越谷南高ー中央大ー日本ユニシス。現役時代は全日本社会人単優勝、全日本総合単3位など活躍。2002年アジア大会日本代表。現在は中央大のコーチを務めながら、プロバドミントントレーナーとしてジュニアからシニアまで幅広い年代の指導にあたっている。シニアのトップ選手としても活躍中。日本体育協会公認コーチ（バドミントン2級）。2020年東京オリンピックに向けたナショナルメンバーの指導も行っている。

> 本書で紹介している動き方や技術の参考となる動画を公開中！ www.badspi.jp または「バドスピ！」で検索し、トップページの「ムービー」をクリックしてください。

モデル協力

井手和宏（左）、上村苑子

西方優馬（左）、五十嵐優

```
協   力／Prince、ヨネックス
デザイン／有限会社ライトハウス
         黄川田洋志、井上菜奈美、
         今泉明香、藤本麻衣
イラスト／丸口洋平
写   真／菅原淳
写真提供／バドミントン・マガジン
編   集／田辺由紀子、三上慎之介（ライトハウス）
```

差がつく練習法
バドミントン　最新式・基礎ドリル

2015年12月25日　第1版第1刷発行
2019年 2 月 1 日　第1版第6刷発行

著　者／藤本ホセマリ

発 行 人／池田哲雄
発 行 所／株式会社ベースボール・マガジン社
　　　　　〒103-8482
　　　　　東京都中央区日本橋浜町 2-61-9
　　　　　TIE 浜町ビル
　　　　　電話　　03-5643-3930（販売部）
　　　　　　　　　03-5643-3885（出版部）
　　　　　振替口座　00180-6-46620
　　　　　http://www.bbm-japan.com/
印刷・製本／広研印刷株式会社

©Josemari Fujimoto 2015
Printed in Japan
ISBN978-4-583-10845-2 C2075

＊定価はカバーに表示してあります。
＊本書の文章、写真、図版の無断転載を禁じます。
＊本書を無断で複製する行為（コピー、スキャン、デジタルデータ化など）は、私的使用のための複製など著作権法上の限られた例外を除き、禁じられています。業務上使用する目的で上記行為を行うことは、使用範囲が内部に限られる場合であっても私的使用には該当せず、違法です。また、私的使用に該当する場合であっても、代行業者等の第三者に依頼して上記行為を行うことは違法となります。
＊落丁・乱丁が万一ございましたら、お取り替えいたします。